JN072877

‖下‖

組織が変わる212の言葉

成長する会社の朝礼

小山昇

株式会社武蔵野代表取締役社長

あさ出版

はじめに

もう随分と昔のことです。

お客様訪問に向かった帰りの道すがら、とある商業ビルの玄関に設置されていた玄関マットがふと目にとまりました。

私が経営する株式会社武蔵野は、ダスキンの代理店を主業務のひとつとしています。ですから私は、それがわが社のライバルのものであることがすぐにわかりました。なんとなく面白くない気分になった私は、一緒にいた若い社員に命じました。

「きみ、あのマットをめくってきなさい」

彼は不思議そうな顔をしながら玄関まで小走りで駆けて行き、マットのかたわらにしゃがみこむや、文字どおり「めくり」あげて言いました。

「これでいいですか？」

腰が抜けそうになりました。なぜならば「めくる」とは、業界では「ライバルからお客様を奪う」意味だからです。

めくった、めくられたは、大げさでなくごく日常的なできごとで、この仕事をしている以上は必ず、かつ早い段階でわかっているはずです。しかし、それは私の思い込みに過ぎなかった。実際には若い社員は、そんな基本的な業界用語すら知らないのだ――。

当時のわが社はお世辞にも業績がいいとは言えない状態でした。私はいつも「毎日こんなに頑張って働いているのに、どうして数字が伸びないのだろう」と不思議に思っていたが、これでようやく理由がわかりました。言葉が――もっと正確に言うなら言葉の定義――**社員に共有されていなかった**からです。

それはそうでしょう。私は「このビルのオーナーをライバルから奪って、わが社のお客様にしなさい」と命じたのに、実行を担うべき社員がマットを（物理的に）めくって回っているだけだったら、業績が上がるほうがむしろ不思議ではありませんか。

こういうことは程度の差こそあれ、どの会社でもあります。

管理職が部下に「もっと頑張れ」とお説教をする。部下は神妙な顔をして聞いている。それで管理職は安心するが、しかしこの「頑張れ」は、幅広い解釈を許す言葉です。管理職は「前月より多く売り上げろ」と、いわば実利的な意味で言ったが、部下は「もっと熱心にやる」ことだと精神的な意味で捉えていた、なんてことは普通にある。

他にも、月末、管理職は部下の成績が伸びないのを見て「なんだ、頑張っていないじゃないか」と叱る。ところが彼は、前月にも増して熱心に仕事をしたことには自信を持っていたので、(ちゃんと頑張ってたよ、いったい○○課長は俺のなにを見てたんだよ) と内心で強く反発する。互いに不信が生まれ、両者の関係は修復不可能になる。

これでは仕事も、職場も楽しくなくなり、コミュニケーションは滞るでしょう。そんな状態では成績など伸びようもありません。すべては**言葉の定義が共有されていないことによる悲劇**です。私は、組織が抱える問題の多くは、ここに端を発するとさえ考えている。言葉の解釈の食い違いは、健全な組織運営を営む上では極力なくしていくべきです。

わが社は、【頑張る】といえば「目から汗を出して仕事をする。(中略) 結果を出して」と定義しています(上巻88ページ参照)。

「目から汗を出して」。つまり、いい齢した大人でも涙ぐむほどのしんどい思いをして、なおかつ、それが結果に結びついていなければ「頑張っている」とは評価しない。

そしてこの定義は、社員に漏れなくきちんと共有されている。なぜかと言えばわが社は、早朝勉強会を始めとして多くの学びの場がある。私は、あらゆる学習機会を捉えて、何度も何度もしつこくしつこく繰り返し繰り返し、「頑張るとは、結果を出すことだよ」と教えてきたからです。

わが社の社員は「頑張ってますか」と訊かれたら、(あっ、俺の成績について問われているな）と、**一人の例外もなく即座にそう理解**します。そして「はい、これこれの結果を出しました」と答えます。

もちろん、見るべき成績を上げていない社員もいるし、さぼっていることをごまかして答える社員もいる。しかし、それはさして大きな問題ではありません。「頑張るとは結果を出していることだ」と全員が認識を同じくしていることが大切なのです。それがわが社の「強か（したた）さ」の源と言っていい。なんとなればそれは、社員一人ひとり、言葉の解釈にぶれがないことを意味するからです。

ぶれがないから、なにか方針が示されたときに全員が一斉に、同じ方向に力を出すことができる。これがわが社が毎年のように増収増益を達成している秘密です。つまり、会社を成長させたいと思うのならば、自社のビジネスシーンではどういう言葉（キーワード）がよく使われるのか、そしてそれらの言葉はどう定義されているのかを社員に理解させることが不可欠です。

そういう思いからつくったのが、拙著『仕事ができる人の心得』（CCCメディアハウス／現在改訂3版）です。この本には1600を超えるビジネスキーワードが五〇音順に収録されており、それぞれに短い解説がついている。

先に触れたわが社の早朝勉強会は、この本を主要テキストとして実施しています。言葉と、その**言葉が意味するところを教えるのは社員教育の基本中の基本**と私は考えています。

この『仕事ができる人の心得』の中から広く利用されるキーワードをピックアップし、さらに一般の読者のかたに向けて詳しい解説を加えたのが本書です。

本書にはさまざまなキーワードが収録されています。社長向けのもの。経営幹部向けのもの。管理職、一般社員向けのもの……。

その中のどれかひとつ、ふたつはすぐに今日のあなたのビジネスの役に立ち、せめてどれかもうひとつ、ふたつは、すぐには役には立たないように見えても、繰り返し読んでいくうちにやがて心の底深く沈んで、いつかあなたのビジネスのスタイルをいい方向に変えてしまう。そのような内容になっています。

これはあなたのためのビジネス手帳です。口はばったい物言いをお許しいただけるなら、これは小山昇流「ビジネス格言集」です。

私はあなたに、**いつでも・どこでも、そして気軽に、本書を読んでほしい**と願っています。ですから、そういう読みかたこそがふさわしいように本書を設計しました。

項目をすべて見開き2ページぴったりで完結させているのは、どのページからでも読めるようにするためです。

内容に応じておおまかに分類して章立てもしましたが、どうぞ**適当に、ぱっと開いたと**

ころからご自由に読み始めてください。

もちろん最初のページから順にお読みいただいても構いませんし、目次を見て気になったキーワードのページに直接アクセスなさっても結構です。意味を考えながらじっくり読み込んでくださってもいいですし、さらっと流し読みされてもなおいい。移動中に、寝しなに、待ち合わせの時間潰しに、常に携(たずさ)えてお目通しいただければ幸いです。

本書は上下巻で構成されており、上巻には「儲けをつくる言葉」「意思疎通を良くする言葉」「ミスを防ぐ言葉」「チームワークを良くする言葉」を、下巻には「お客様満足度を高める言葉」「変化に対応する言葉」「販路が拡がる言葉」「人を育てる言葉」を収録しています。

読み進めるうちにあなたは、「あれ、これとよく似た話を先日も読んだな」とお気づきになるでしょう。それもまた私の意図するところです。人は、一度見聞きしただけのことはすぐに忘れてしまう。**大切なことは手を変え品を変え言葉を変えて少しずつ、辛抱強く浸透させて**いくのが武蔵野流です。

武蔵野流マネジメント、武蔵野流経営の本質が本書には記されている、と私は自信を持っています。本書があなたのビジネスパーソンとしての道をひらく助けとなれば、筆者としては望外の喜びです。

新型コロナウイルス感染症は、２０１９年12月初旬に最初の感染者が報告されてから、わずか数カ月ほどの間に「パンデミック」と言われる、世界的な流行となりました。当時、本書の執筆は最終段階だったが、諸般の事情により出版が遅れました。

社長が社員教育に手間とお金を使い、損得なしに時間をかければ人は育ちます。武蔵野の社員は、入社時にはぱっとする人が少ないが、社員教育の量で多くのお客様から評価されるまでに育ちます。

時と場所を共有すれば、どの会社も輝きます。

末筆になりましたが、本書刊行にさいしお骨折りをいただいた、あさ出版の田賀井弘毅さん、企画・編集を担当していただいたアトリエ・シップの諏訪弘さん、私を日々教え導いてくださる全国の社長仲間の皆さん、武蔵野の全従業員に心からの感謝と敬意を表します。

２０２４年6月

株式会社武蔵野　代表取締役社長

小山昇

人を動かす言葉

下巻

CONTENTS

第五章 お客様満足度を高める言葉

第六章　変化に対応する言葉

第七章 販路が拡がる言葉

第八章 人を育てる言葉

第五章

お客様満足度を高める言葉

【サービス】

——お客様に「どうしてほしいか」を訊くのが最善

生産と消費が同時に行なわれる。やり直しができない。マンツーマンでないものは受け入れられない。心と心のまじわりをつくることです。どんなに良いサービスであっても、お客様に満足していただけないのはサービスではありません。お客様に気に入っていただくのがベストサービスです。サービスに条件をつけたら、サービスにならない。サービスは心です。

よく「あそこの店はサービスがいい」とか「あの営業担当者はサービス精神が旺盛だ」とかと言いますね。でも、それってどういうことなんでしょう？　いったい「サービス」とはなんでしょう？

サービスは、私なりに定義するならば「お客様がなにを望んでいるかを傾聴し、お望みに合わせて仕事をしていくこと」に他なりません。**見た目はどれほど良いことでも、お客様が望んでいなければ、それは「良いサービス」ではない**。

良いサービスが提供できることとは、資格の有無やスキルを上回ります。わが社のダスキンライフケア事業部は、主としてご高齢者に介護サービスを提供する部門ですが、昨日今日配属されたばかりの新人がお客様から「あなたにまた来てほしい」「時間を延長してください」と言われることがしばしばある。介護資格はないし、スキルもまだ充分でないにもかかわらずです。それは彼、彼女がお客様のご要望に合わせた（＝良い）サービスをご提供していたからに他なりません。結果、それが売上につながります。

良いサービスを提供するにはどうしたらいいのでしょうか。身も蓋もないことですが、「お客様に訊く」のが最善です。つまりはきちんとヒアリングをする。「こうすればお客様に喜ばれるだろう」と頭で考えて実行するのは、ややもすれば一方的なことになり、だいたい失敗します。あなたとお客様は価値観やレベルが違います。

サービスをする場合は、条件をつけてはいけません。それは、「これをしてくださったら、このサービスをします」みたいなことですが、お客様はそんなことを言われた途端に白けてしまう。くだらない条件をつけるならなにもやらないほうがましです。**特に接客をともなうサービスは、その場で生産され、その場で消費されていく**から、やり直しは利きません。

それと関連して、サービスについて心得ておくべきは**「サービスの蓄積はできない」**です。前回、あれだけのことをしたのだから今日はこれくらいでもいいだろう、これくらいの失点は見過ごしてくださるだろう。そんな甘えはお客様には通用しません。

【ついで】——なにかのついでに感謝を伝えても、お客様を感動させることはできない

誠意が伝わらない。使った時間、お金が生きない。

わが社のダスキン事業は同じお客様に繰り返し購入していただくビジネスモデルです。中には空気清浄機とかサービスマスターとか、それなりにお高いもの・長期にわたる安定的な売上が確保できるものもあります。こうした高額商品が成約すると、わが社はお中元・お歳暮の時期に感謝のご挨拶に伺いますが、一介の社員が行くのと、部長や本部長が「わざわざ」花など携(たずさ)えてお礼に行くのとでは、お客様としてはどちらが嬉しいでしょうか？疑いもなく後者です。「本部長クラスの社員まで来てくれるとは、この武蔵野というのはしっかりした会社に違いない」「万一トラブルが発生しても誠意ある対応をしてくれるはず」と見なしてくださる。**ご愛顧の感謝を伝えに行くときは、「ついでに」は絶対にいけない**。「わざわざ」行かなくてはなりません。

「わざわざ」というからには当然、粗品なども手で持っていく。宅配業者などを使ってはいけません。なぜならば、「モノ」は専門業者が送ってくれますが、いつもお買い上げありがとうございます、という「感謝の気持ち」は人でなくては届けることができないからです。贈答品の代金と送料が丸損になる。

私は、Sランクの大口のお客様にはお中元・お歳暮を自ら持って行きます。なぜかといえば過去、私がお中元・お歳暮持参でお伺いしたお客様でライバルに奪われた解約は、実に45年以上に渡りゼロです。盆暮れの付け届けは感謝を伝える機会であるのと同時に、ライバルにつけ入る隙を与えないための「攻めの営業」。お客様の所在が地方でも問いません（ボイスメール事業部を発足させて以降、わが社のお客様は全国に拡がりました）。現在は東京都に限定しているが、当時はどこでも行きました。

お客様訪問は、職責上位であるほど「効果」がある。わが社はしがない中小企業ですが、それでも社長の小山が花など携えて来たとなれば満足度も向上する。あるお客様は、ビルの10階にオフィスがあるのにもかかわらず、わざわざ1階の玄関までお見送りしてくださいました。普通は逆です。そこまでの関係をお客様との間に築くことができれば、もうライバルに奪われることはありません。

経営サポート事業部のお客様は、わが社にお支払いくださったお金が一定額を超えると、私がお客様訪問に伺います。1時間半、私はお客様の社内を見て回り、直接ご指導申し上げます。売上は累計でチェックしており、二度三度と私の訪問指導を受けた中小企業も少なくありません。それがお客様の満足にもつながっています。

お客様の心の中にいつもわが社を。そのためには「ついで」は駄目です。

【表敬訪問】

――お客様をライバルの手から守るための「攻めの営業」

特別な場合を除き、訪問先のトップとはアポイントをとらない。相手がいなくても、いっこうに差し支えない。留守のときは置き名刺をする。面談したのと同じ効果がある。わざわざ挨拶に来たということだけで相手は満足する。

前項の話をもう少し補足します。

お客様訪問は単なる時候の挨拶やご機嫌伺いではありません。ライバル会社にお客様を奪われることを阻止し、お客様の満足度やロイヤリティを高く維持する、そのために積極的に行なう**「攻めの営業」**です。

お客様訪問を「攻めの営業」と位置づけるからには、当然それは**戦略的に行なわなければなりません。**まずもって大切なのは（繰り返しになりますが）職責上位者ほど積極的に行くこと。はっきり言いますが、お客様からすれば一般社員よりは部課長が、部課長よりは役員が、役員よりは社長が来てくれたほうが「特別扱いされている」と感じられるからです。

私は2003年まで、年間450件あまりも訪問していました。最近ではさすがに減りましたが、それでも年間200件を下ることはありません。それでお客様を奪われたことは一度もないのは先述した通りですが、では私以下の職責者はというと、役員が訪問しているお客様をライバルに取られることは年に一度あるかないか、といったところ。やはり職責上位者のお客様訪問には意味があると断じていい。それ以下の職責、すなわち部課長クラスでもお客様訪問を怠ると、テキメンにライバルに奪われます。

訪問時は「ついで」で行ってはいけない、とはこれまた先述した通りですので、ここでは別のことをお話しすると、訪問時は、あえて**事前のアポイントを取る必要はありません。**かえって先方に気を遣(つか)わせることになります。表敬訪問ですから、ご挨拶にお邪魔したことが伝われば充分、滞在時間は5分で構いません。たとえ留守中でも、**供物があり、置き名刺があればお客様は満足します。**「以前、お目にかかったとき名刺は渡したから」なんて思って置かずにいると、せっかく訪問しても印象が薄くなります。

表敬訪問は課長が一緒に同行します。日頃課長がどんな仕事をしているか私は知る術がありませんが、一緒に行くと日ごろの仕事ぶりが丸見えになります。

現場に出ない課長は上手に道を走れません。私は若い頃同じルートコースを担当することはなく、毎日仕事が変わっていました。そのため道は全社で一番詳しい。

部下一人ひとりの状況を聞くこともできる。コミュニケーションが良い上司は、部下のプライベートの話が報告できます。

【トータルサービス】
――多大な時間とコストがかかることは中小企業には無理

理論的には正しいが、実現不可能です。一人の人間は、いつもひとつの仕事しかできない。やるには数人でサービスを分担することです。

もう半世紀も前の話です。私は、短期間ですがダスキン本社に勤務していたことがあります。そのころ、ダスキン本社は急激に成長していました。毎日ひっきりなしにご注文やお問い合わせが全国から来る。お客様のご要望にお応えすべく、社長は――、当時すでに3代目でしたが――、支店構想を打ち出していました。

ひとつの方針はこうでした。「一人の営業担当者がすべての商品・サービスを説明できるようにしよう」。それ自体はもちろん悪いことではありません。いまふうの言葉でいえば「ワンストップで対応できる」ことになるわけですから。なにを訊かれてもすぐに答えることができ、ニーズを吸い上げた提案までこなす営業担当者がいれば、「さすがはダスキン」とお客様の覚えもめでたくなる。

ですが、私は強く反論したのです。「残念ながら、そんな優秀な人材はわが社（=当時のダスキンの加盟店）にはいません」と。

この提案は受け入れられませんでした。**「そこそこ」の人材しか集まらない中小企業に**

限っていえば、一人に「あれも、これも」とやらせるよりは「深く、狭く」で専門性を追求したほうがいいです。

商品やサービスがたくさんあると、まずそれらを覚えるだけでも一苦労です。覚えたところでいざお客様を前にすれば、特に経験が浅ければどれから説明していいかわからなくなる。一通りのことを覚えて、営業担当者としての立ち居振る舞いもマスターして……、という人材を育てるには時間もお金もかかります。

であれば「Aさんはこのサービスについて」とか「Bさんは新規顧客開拓特化」とか「Cさんは既存顧客のメンテナンス」とか業務を細分化して、それぞれに人材をあてがったほうがいい。一人がすべてをやるのは理想ですが、それができる人材はごくごく少ない。**稀(まれ)にしかいない人材を中心に物事を考えてはいけません**。

武蔵野は、オールマイティな人材を揃えようとはしていません。「この人ならすべて任せられる」という人は、私自身が求めていません。そんなことができる人材は、わが社ではなくもっと大きな会社に行って、持てる素質を発揮すればいいのです。

お客様が求めているのは、いろいろなことができる人ではなく、専門的に優れている人です。自分、あるいは自社の得意なことに特化をして、お客様に喜んでいただく・選んでいただくことが大切です。

【打ち合わせ】——人件費を余計に払ってでも始業前に行なうことが「お客様本位」

始業前に行なう。就業中はお客様の都合に合わせて行動するからです。わが社がとるべき行動と、お客様と親しくなるための人間関係づくりの方法を、上司とマンツーマンで打ち合わせる。

所用あって、取引先に電話をかける。「○○商事の△△と申しますが、小山さんはご在席ですか」。すると電話の向こうの相手はこう言います。「申し訳ございませんが、小山はただいま会議中です」「終わり次第、折り返しさせますので」。

よくある、そして一見なんの問題もないやりとりです。でも、よくよく考えると、会議中を理由にしてお客様からの電話を取りつがないのは論理的に矛盾します。

だってそうでしょう。**会議は、それ自体で利益を生み出すものではない**。ところがお客様からの電話は、新規契約をしたいとか追加で購入したいとかいったご連絡、つまりは利益に直結するものです。どちらを優先すべきかは明白でありませんか。お客様からかかってくる電話の中にはクレームもありますが、それとて対応を誤らなければ却(かえ)って自社のロイヤルカスタマーにすることだってできる。

では、会議中も電話に出たらいいのか、それも違います。お得意様の△△さんから掛かってきた電話で、小山が10分ほど中座する。会議はその間、ほぼ中断します。「たかが10分くらい」と思うかもしれませんが、会議のメンバーが10名いれば、組織全体では実に100分の時間が失われることになる。これは非常に大きなロスです。「就業中はお客様の都合に合わせて行動する」とは、お客様の言いなりになるという意味ではないし、まして発生する損失をなおざりにするという意味ではさらにありません。

会議は、しないわけにいかない。お客様からの電話には対応しないわけにはいかない。この相反する要素を解決する方法は、たったひとつです。「会議は、お客様から電話がかかってこない時間帯に行なう」。それでわが社は、会議は早朝勤務として始業前に行なっている。

それでは人件費が余計にかかるではないか？　もちろんそうです。ですが、だれかの中座によって会議が空転する時間と、始業前に打ち合わせを持つことによって発生する人件費とでは、前者のほうがより「もったいない」。

資金は借り入れることができる。人材は、雇い入れることができる。しかし**時間だけは、一度失われたらもう絶対にリカバーできません**。伸びている企業、成長の早い人材は、例外なく「時間」という有限のリソースを上手に使っています。

【判断基準】

——お客様は「今日、只今（ただいま）」の自社で判断する。過去の実績は通用しない

お客さまが悪いということは、自分が正しいことを主張することになる。いくら正しくても、買っていただかなければ商売にならない。お客様に勝つことではなく、商売に結びつけることが正しい判断です。

議論好きの人がいます。それ自体は個人の趣味嗜好（しこう）ですから構いませんが、困るのはそういう人は往々にして、議論は好きだが議論に負けるのは大嫌いなタイプです。議論好きの負けず嫌いが、一営業担当者としてお客様に接するとどうなるか。クレームが発生したとき、お客様に平気でこう言います。「私は、きちんと説明しました。こうなったのはお客様のミスです」。

確かに彼は、きちんと説明はしたのかもしれない。事態はお客様のミスによって起きたものかもしれない。そんなことを指摘されてお客様が納得するかというと、しません。心証は最悪になって、以降はもうなにもお買い上げくださらなくなるでしょう。だとするとそれは、**議論という「喧嘩」に勝ったが、売上とか成績といった「試合」に負けたことに他ならない**。心得ている営業担当者は、それがお客様のミスによるクレームとしても、こう答えます。「申し訳ありません。私のご説明が不充分だったために、お客様にはご迷惑

をおかけしてしまいました」。

そしてそれは、実際その通りです。**お客様と営業担当者という関係性にあっては、「説明した問題が発生してもお客様に責任はない」です。**お客様が問題なく使えるようになるまで説明しなかった・確認しなかった営業担当者が悪い。

ともあれ「お客様のせいです」とけんもほろろの営業担当者と、本人が悪いわけではないのに「申し訳ありませんでした」と謝罪して顔を立ててくれる営業担当者。お客様はどちらから買おうと思われるかは言うまでもないです。

大切なのは、お客様と営業担当者のどちらが正しいかを明らかにすることではない。自社の商品なりサービスなりをお気に召していただき、お買い上げくださることが本当に大切です。言った・言わないはどうでもいいです。営業担当者のプライドもどうでもいい。先述したことを言葉を換えて言えば、喧嘩に負けても試合で勝てばいいです。

お客様に対して、過去の実績や人間関係を持ち出して甘えることは許されません。そんなことをすればお客様は無警告で離れます。「昨日までのわが社」ではなく、「今日、只今」のわが社が現在進行形で観察され、判断されることを忘れないでください。

目的はあくまでも「お買い上げいただくこと」。これを明確にしておき、常にふさわしい対応ができるよう心がけておかなければなりません。

【お客様の声を聞く】

――「売れる理由」を見つけるためにはお客様に訊くのが最善

悩んだらお客様に教えてもらう。お客様は日々、進化しています。私たちより最新情報を持っている。結果、あなたのファンになってくれます。

上巻20ページでは【お客様情報の収集】について解説しました。ここではそれと関連する話をします。

私はビジネス書作家としても多数の著作があります。どの本もおおむね1万部以上は売れます。自慢に聞こえたとしたら本意ではありませんが、長く続くこの出版不況下、これだけコンスタントに売ることのできる作家はそう多くはありません。

どうしてそれだけ売れるかといえば話は簡単、**読者に訊いているから**です。

社長向けセミナー『実践経営塾』では、講義が終わると小山と質疑応答の時間を取る。日本全国の中小企業経営者から様々な質問が寄せられます。社員のモチベーションを向上させるにはどうしたらいいでしょう。社員の定着率を上げるには。金融機関との賢いつき合いかたは等。私は一つひとつ順番に答えつつ、どういう質問が多かったかを注意深く記録していきます。

なぜ？　それは、「こういう内容の本が読みたい」というお客様（＝読者）の声に他ならないからです。

お客様（＝読者）から「こういうことを書け」「こういう本が読みたい」という声を聞いたから、あとはそのまま書くだけ……、ですが、私はここで工夫している。実は私は、質問内容とともに、ご質問をくださった社長が私のアドバイスを受けてどうなったかも気にしている。

すると、書籍の本文はこうなります。「A社の〇〇社長は永年このことでお悩みでしたが、この改革に取り組み、ご本人も驚く成果を上げました。素晴らしい」。どうです。単に**「アドバイスを実行すると成果が得られますよ」とシンプルに書くよりずっと泥臭く、リアルで熱量のある感じ**になりませんか。平たく言えば「面白い」って感じになります。

さらに言うと「A社の〇〇社長」は名前が出て嬉しい。「素晴らしい」と評価されてさらに嬉しい。だからお買い上げくださるし、余計に買って知人に配ったりしてくださります。わが社の新しいセミナーにも参加してくれます。

売れるものには、必ず売れるための理由や仕掛けがあります。どうやってその理由を見つけ、仕掛けをこしらえるか。もう言うまでもありませんね、**【お客様の声を聞く】**、それに尽きる。

【提案型営業】――お客様のニーズを読み取る。お客様に叱られながら学んでいく

お客様の問題を解決するための提案をする。ヒアリングが基本です。

お客様に商品・サービスのご提案に行きます。「これをお買い上げくださいませんか」。営業主体の会社ではごく日常的な光景ですが、それで売れるかというと、大抵の場合「売れません」。それもまたよくある光景と思いますが、ではいったいなぜ売れないのでしょうか。理由は簡単。営業担当者の言う「これをお買い上げください」は、お客様の事情を踏まえたものでないからです。

お客様は、不便なり不足なりを感じているから商品やサービスをお買い上げになります。それを踏まえずして「お買い上げください」とお願いするのは、自社（＝売る側）の都合を押しつけているに他なりません。それではなにも売れるわけがないです。お客様の興味がなくなるだけ。

さらにお客様は常に、そして**徹底的に相対評価で購入先を決めます**。接客、品揃え、値つけ、サービス内容、その他すべてがハイレベルな合格点としても、それは自社の絶対評価に過ぎない。ライバルがトータルの価値で上回ればそちらでお買い上げになる。

こういう中にあって売るには、従来の「お買い上げください」型営業を変えるしかあり

ません。それがすなわち「提案型営業」です。これを行なうにあたって一番重要なのは、ヒアリングの能力です。このお客様はどういうことに不便を感じておられるのか。なにを、どう改善したいとお考えなのか。

お客様は、売りつけられたくはないからハッキリと仰ることはあまりありませんが、そこをなんとか傾聴・把握して、自社の商品なりサービスなりに落とし込みます。そして「弊社にはこういう解決方法がございます」と、「提案」する。それでお客様はお買い上げくださる。別な言葉で言えば、**ヒアリングによってお客様のニーズを吸い上げてソリューションを提供する**。これが【提案型営業】の本質です。

ヒアリングの能力は、どうすれば向上するでしょうか。場数を踏んで「お客様に叱られる」経験を積み重ねることです。提案書を作成してお客様に提出する。ところがお客様は「こんなの、使いものにならないよ」「もっと気の利いた提案書を持ってきて」と仰る。さあ、このときこそヒアリングの能力を向上させるチャンスです。自分の見立てとお客様のご要望のギャップはなぜ発生したのだろう、このギャップを埋めるにはどうしたらいいだろうと考える。こういう思考訓練を積み重ねることによって、次第にお客様のニーズが高精度で読み取れるようになっていきます。

【迫力】——お客様の興味を常に意識しながら、演出を考えることで迫力が増す

説明しすぎるとなくなる。説明のしすぎはお説教になってしまい、聞くほうの気力が失せ、疲れる。

私は「説明しなくては理解してもらえない」と言います。これくらいのことならばわざわざ言わなくとも伝わるだろう。わかってくれるだろう……。そんなことを相手に期待してはいけない。伝えるべきはきちんと伝えないと理解してはもらえない、と。

とはいえ、**なんでもかんでも説明すればいいかというと、それも違う**。なぜこういうことを言ったのか。なぜこういう行動をしたのか。それをいちいち説明してしまっては、相手の感動が薄れる場合がある。

わが社でイベント等を開催するとき、ときどきサプライズを仕込むことがあります。定年退職を控えた社員にいきなりスポットライトを当てて、花束と記念品を贈呈したりといったことです。こういうのは少数の社員だけが知っていて、直前まで秘密を厳守しているから皆が盛り上がり、感動につながる。最初から全員に「今日のイベントで〇〇さんお疲れさまでした、とサプライズをやります」なんてアナウンスしたら台無しです。要は演出を考えよ、というわけです。どうすれば一番効果的かを見極めて、説明する・しないの

メリハリをつけるのが大切です。

ダスキン事業部の営業担当者がよく犯しがちな間違いがまさに「説明しすぎてしまう」ことです。本人は売りたい、契約につなげたいという思いが勝り、いかにこの商品が素晴らしいかをペラペラと述べ立てる。あれもこれもと性能の説明をする。そんなの、お客様にとっては退屈です。ここで彼がしなくてはならないのは、その**お客様が一番関心を持っている1点に絞ってご説明差し上げること**です。埃を吸着する能力に興味がおありならそこを、月額費用が気になるならそこを、というふうに。

前述の「演出を考えよ」の絡みでいうと、成績の悪い営業担当者はただサンプル品を置いてきてしまう。お客様は、それはサンプルなんだ、だから使っても代金は請求されないんだと理解していても、つい使うのをためらってしまう。一方、できる営業担当者はまず自分で拭いてみせる。するとお客様は「最初に使ったのはダスキンだから」と安心して使う。そして性能を気に入ってご契約くださる。製品の性能について詳しくご説明するのはその後です。お客様はお金を払ってその商品を使いたいとお思いですから、真剣に聞いてくださいます。

このようにお客様の興味や思考のポイントを常に意識しながら段階的にご説明しないと、成約にはつながりません。

【お客様本位】

――業績が好調のときほどおろそかにしてしまいがちになるもの

お客様の都合に合わせて組織を変え、厳しい経営環境を生き抜く。お客様を区別し、人、組織に緊張感を持たせ、変革に挑戦する。

破竹の勢いで成長を続ける株式会社武蔵野。セミナーを開けば満員御礼、社長の著作はよく売れ、社員の満足度もロイヤリティも高い……。こんな優良企業にもひとつだけ弱点があります。それは、「業績がいい」ことです。

それのなにが弱点か。組織がたるんで油断が出てしまうからです。具体的に言うと、わが社はある年、過去最高の利益を出しました。賞与も前年比で150％増にもなった。社員は大喜びです。しかし私は「まずいぞ」と思いました。

「賞与150％増」は、わが社のルールで定めている以上は当然受ける権利があります。しかし、本来ならそんな数字は、**生きるか死ぬかの苦労をしてようやくもたらされる**もの。高額な賞与を手にした社員は、それだけの成果を出したかといえば、明らかに「していない」。去年と同じに適当にやったら、たまたま業績が伸びて賞与も大幅アップだぜ、ラッキーみたいなお手軽な感覚で今後も業務に当たられては困る。先に「油断が出てしまう」と書きましたが、ライバルはいつ、どのようにしてわが社に攻撃を仕掛けてくるかもわからないから、**好調のときこそファイティングポーズを解いてはいけない**。

私がとりわけ心配したのは、「こんなもんでいいだろう」「この程度で大丈夫だろう」と、好調のゆえに社員に慢心が出て、お客様満足度を向上させる努力を怠ったことでした。これは、「滅びの一里塚」です。敵よりもっとやっかいな「内なる敵」です。なぜならば**「利益はお客様に喜ばれた結果」**です。お客様満足度をおろそかにすれば組織は衰退していくしかない。

会社の好調にかまけて、ぬるま湯が居心地よくなってしまった社員に活を入れ直すにはどうしたらいいか。**一番確実なのは人事異動**です。私は、「お客様本位の組織につくり変える」をモットーに、本部長の半数を入れ替えるなどの大規模な異動を短期間のうちに断行しました。**組織を本気で変えたければ、「頭」から「上」から動かさなくては駄目**です。

もちろん当初は混乱もありました。しかし、仕事の内容は同じでも、新しい人がそれにあたることで、やりかたが制度疲労を起こしていると気づくようになる。これまで「なあなあ」で済ませてきたこと、「やってるつもり」でやっていなかったことなどが一新される。適度な緊張感をもって業務にあたる雰囲気もつくられる。こうしてわが社は、その高収益にふさわしい「体質」を再び手に入れることができたのです。

【ロイヤルカスタマー】

——優遇することは差別ではない。正しい企業戦略である

大口のお客様です。他のお客様と、差別でなく区別して対応する。

わが社の経営サポート事業部で売上ナンバーワンのA社は、昨年およそ3000万円を使ってくださっています。累計ではB社が一番で、経営サポート事業部発足以来、今日まで実に5億円を超える額をお支払いくださいました。この御時世にそれだけの額を社員教育に投ずる体力（と見識）があるのは本当に素晴らしいことだと思います。

これだけの売上をわが社にもたらしてくださっているA社、B社と、昨日今日経営サポート事業部会員になったばかりのお客様、つまりはまだ大きな売上を頂戴していないC社を対等に扱うのは、**悪しき平等主義**です。

C社を、古くからのお客様であるA社、B社と同じように扱えば、C社の満足度は向上します。しかしA社、B社は内心面白くはないはずです。「これまでこんなに勉強代を払ってきたのに」「もう武蔵野のセミナーに社員を派遣するのは止めておこう」。そうお考えになるに決まっている。これは将来に大きなしこりを残す、放置できない問題です。

逆だったらどうでしょう。つまりA社、B社はこれまで通りに厚遇して、C社は「ロイヤルカスタマーではないお客様」と同様に接したらどうなるか。

C社の満足度は、下がりません。なぜならば、同じような扱いかたをしている会社は他にもあるし、自分はまだ新参者だからと納得もできるからです。

ついでに裏事情を明かせば、ロイヤルカスタマーの「特典」なんて大したもんじゃありません。セミナーに優先予約ができるとか、余計に質問できるとか、小山との面談時間が増えるとか、その程度のものです。あえて不満を感じるほどでもない。

ならばやはり、A社、B社のロイヤルカスタマーを特別扱いすることが圧倒的に正しい。だれも不愉快にならず、満足度だけがいっそう向上するのだから。

ロイヤルカスタマーとそうでないお客様とで扱いを変えるのは、差別ではありません。区別です。努力し、目標値を達成したにもかかわらず、平等に報いないのが差別。これは、決してしてはいけないことです。一方、わが社のロイヤルカスタマーは、その気になりさえすればだれでもなれて、等しく特典を受けられる。これは区別であり、正しい企業戦略です。

私はよく言うのです。**「チャンスはすべての社員に平等に与え、結果で差をつける」**。それは対お客様でも同様です。お客様はだれでもロイヤルカスタマーになれる。ロイヤルカスタマーは、そうでないお客様よりも厚遇する。

【営業】――売れなくてもいい。「行くこと」、それが大事。それが最大の営業

次の訪問ができるようにしてくることです。

わが社のダスキン事業部は、新規のお客様を訪問したさいには「モニター」と称して無料でモップやマットを使っていただいています。モニターに要する費用は（基本的に）わが社持ち。正直、軽くはない負担ですが、それでも続けているのは、次にまた訪問できるようにするためです。ダスキンのレンタル商品は月に1000円からと、リーズナブルと言っていいものですが、それでも一度の訪問でご契約いただけることは稀（まれ）です。

見本品をご使用いただいている間、つまりモニター期間中に営業担当者はなにをするかというと、（一）御礼の葉書を出す。（二）電話をかける。（三）再度、訪問する――、です。**お客様の感覚は、葉書も電話も直接訪問を受けるのと大きくは変わりません**。つまり（三）の再度の訪問で、実に四度も「わざわざ来てくれた」と感じていただけることになる。接触回数が増加することは満足度につながります。そこまで丁寧にしてもらえば、やはり気分はいい。それにモップやマットもあって悪くない、というより必要なものである。ここまで丁寧にしてくれる武蔵野ならレンタル契約してもいいだろう……。と、そう都合よくいかない場合も多々ありますが、基本はそういうことです。わが社の営業担当者にはでき

るだけ泥臭く、かつ面倒臭く営業をさせています。

このように、営業は**「次の訪問ができるようにしてくる」ことが鉄則中の鉄則**です。単価の高い商品を売る企業なら、初回訪問時に提案書や企画書の類を要求されることもあるでしょう。実はその提案書や企画書、最初の内容はラフでいい。練られていない提案書をお持ちして、お客様に「こんなもん駄目だ」と言われる、このことが大切です。これで再訪問の口実ができる。「駄目」はお客様が要求されることの可視化です。するとお客様は「ここはこうで……」と教えてくださる。それを持ち帰り、修正してまた訪問する。これを繰り返しているとどうなるでしょう。お客様の望んでいることが可視化され、契約を断れなくなってしまいます。

優秀な営業担当者とは、ヒアリングができる人のことです。駄目な営業担当者は立て板に水のごとく、自分だけぺらぺら喋りますが、お客様の仰ることはひとつも聞いていません。それでは契約は取れない。**大切なのは自分で話すことではなく、お客様に話をしていただくこと**です。

売上が減るのは、「お客様に会う回数が減った」からです。なんでもいいから名目を立てて、定期的に「こんにちは」「さようなら」と言って接触することが大切です。「行くこと」が最大の営業です。**「行って」「売り込むこと」が営業ではありません。**

【居心地がよい】

――お客様をよく観察し、情報のやりとり・感情の受容をする

お客様が財布をゆるめる。

初めて行った街で居酒屋に入った、と考えてください。A店とB店があり、価格も味もおおむね同じレベル。A店は常連が大きな顔をしていて、店主もそちらばかり大切にしている。B店はお客様に分け隔てなく接し、丁寧なサービスを提供している。

さあ、居心地がいいのはどちらですか？　断然、B店ですね。そして「居心地がいい」と感じれば、ついもう一杯、ついでにもう一品と頼んでしまいます。

つまり**居心地をよくして差し上げると、お客様はより多くのお金を使ってくださいます**。よく「売上が伸びない」と悩む経営者や管理職がいますが、なんのことはない、それは「わが社はお客様に居心地の悪い思いをさせている」と告白しているのと同じです。

では「居心地がよい」とはどういうことでしょうか。

平たい言葉で言えば「円滑なコミュニケーションがあること」になるが、これではやや大ざっぱで、もう少し具体的に書くとこうです。「情報がスムーズにやりとりされる状態のこと」、そして「感情が受け容れられている状態のこと」。

先の居酒屋のたとえで言うと、あなたは過剰にもてなされたいとは思っていないが、軽

い世間話くらいはしたいし、「今日はいいハマチ入ってますよ」みたいなお勧めもしてほしいと思っている。

B店はあなたを観察して、見ない顔と思えば「出張でいらしたのですか」と声をかける。そして、そのときのあなたの反応から、放っておいてほしいのか、ほど良い対応がいいのかを察し、状況に応じて相応（ふさわ）しい対応をする。注文内容や飲食のスピードもさりげなく見ており、杯（さかずき）が空いたと思えばお勧めの地酒を紹介する——。これは確かに居心地がいい。まさに情報（どこから来たのか、なにを注文したのか等）がスムーズにやりとりされ、感情（適宜相手をしてほしい）がきちんと受け容れられているからです。そしてこのことは、ややもすれば「本業」の出来・不出来以上にお客様のマインドを支配する。飲食店なら料理で勝負するのが筋ですが、**お客様は、味は少々劣っても気持ちよくもてなしてくれる店に行きたい**です。

武蔵野はダスキンの代理店です。ダスキンはダストコントロール業界ではナンバーワンのブランドですが、ライバルの製品が性能で大きく劣るわけではないし、「戦略的価格」でお客様に取り入ろうともする。にもかかわらず圧倒的大多数のお客様がわが社をお選びくださるのは、わが社があらゆる手段を講じてお客様情報を集め、お客様の居心地がいいようにと心を砕いているからです。

【見栄(みば)え】——外見は一番外側にある中身。お客様は外見で判断してから中身を精査する

同じことでも手順が違うとお客様の評価は変わる。6万円の手間仕事を、2人で3時間するのと、3人で2時間するのとでは、内容は同じでも3人のほうが出来栄えがよく見え、お客様はより納得する。

「同じことでも手順が違うとお客様の評価は変わる」。これは、どのように仕事をするかを決める上で非常に大切です。

わが社なら、ダスキン部門のメリーメイド事業（ハウスクリーニング）やサービスマスター事業（事業所向け清掃サービス）で明らかですが、担当者1名より2名、2名より3名で訪問して作業したほうがお客様の満足度は向上する。「1名で6時間」よりは「2名で3時間」のほうが、「2名で3時間」よりは「3名で2時間」のほうが好印象になります。お客様は「これほどの人数で来てくれて……」と感動なさるからです。当然、「6名で1時間」ならもっと満足度は高くなる。「12名で30分」ならさらに……、いや、さすがにそこまでいくとお客様からお叱りも受けるでしょうし、作業効率もかえって悪くなるでしょうけれど。

訪問人数は、見栄えそのものです。人数がいないとお客様は評価してくださいません。

わが社としては、まず大部分の現場では「2名で3時間」のほうが楽だしコスト的にも有利ですが、しかしそれはわが社の都合です。わが社の都合だけでスケジュールを組んだりシフトを決めたりしてはいけない。**「お客様から見てどうか」がなにより肝心**です。ここに「効率を追う」という選択は、原則としてありません。

「見栄え」は人数だけではありません。社員の資質や能力、職責といったこともあります。わが社の経営サポート事業部が、地方で各種セミナーを主催する。ここに入社2~3年の社員を、つまりはまだ若くて経験の浅い社員を派遣すると、お客様の満足度は下がる。係長、課長、部長……、と、職責の高い社員に担当させると満足度は向上する。そのぶん料金も高く設定することになりますが、価格が安くてお客様の満足度が低いのと、職責上位の社員が担当するぶん高価にはなるが、お客様の満足度が高いのとどちらがいいか、といえば後者です。だからいまは本部長など職責上位の社員に足を運ばせて、少しでもお客様の満足度が高くなるようにしています。

よく「人間は見た目じゃない、中身だ」とか言いますね。それは、理念とか道徳という見地からすれば正論ですが、現実問題として人はぱっと見で「良さそうだ」と判断して、それでようやく中身を精査する。その意味で見栄えを整えておくのは非常に大切なことです。**見栄えとは「一番外側にある中身」**なのだ、と考えてください。

【始末書】

——お客様のクレーム情報の隠し立ては、それだけ大きな服務規定違反

クレーム発生の責任は一切追及しない。報告なしは始末書。半期2枚で賞与半額。

会社には、仕事が完遂できたとかお客様に褒められたとかいったことは報告しなくてもいいです。一方、失敗したとか、お客様を不機嫌にさせたとかいったことは、なにがなんでも報告してくれなくては困る。

「蟻の一穴」という言葉があります。重厚長大な堤防も、蟻の巣穴から水が漏れて決壊することもあるという戒めです。それと同じで、些細なミスも放置していると、やがて会社の屋台骨を揺るがす事態に発展しかねない。かかる事態を避けるためには、**社員の失敗は必ず、そして確実に社長の耳に届く必要があります**。

とりわけお客様からのクレーム情報は、社長としてはなにを差し置いても素早く承知しておきたい。具体的な名前を挙げるのは差し控えますが、クレーム対応の初動が遅れたために高い代償を払うことになった企業の数は、数えられないほどある。

わが社は、社員が安心してクレーム情報を報告できるようにとの配慮から、「クレーム発生の責任はすべて社長の小山にある」と定義づけています。どれだけ大きなクレームだろうが、本人の責任は問わない。解雇はもとより、降格も減給もしない——、と。

むろん、定義づけただけでは理解もされないから、各種勉強会などを通じてしつこく教えてもいる。「全部小山の責任だからね、安心して報告してね」と、ごく優しく（笑）。

あるクレーム処理で当事者・上司等とでお客様を訪問したことがあります。民事不介入にもかかわらず、パトカーを呼ばれて「家を建て替えなさい」と仰(おっしゃ)られた。こちらの対応は「建て替えはしません。指定箇所は直します。修理中に掛かる費用は当社で負担します」です。時間とお金はかかったが、しっかり報告があったので、このケースでは担当者はお咎(とが)めなしです。

私がこれほどクレーム情報を重視するのには、それが会社に致命傷を与えかねないことに加えて、もうひとつ理由があります。**迅速(じんそく)・的確にクレーム対応することで、お客様をロイヤルカスタマーにできるケースが多々ある**からです。それまで月に1000円だけお買い上げくださっていたものが、5000円、1万円になる。1万円、10万円だったものが100万円になる――。よく言われることですが「クレームはチャンス」です。

クレームを商機につなげるためには、お客様が「こんなことまでしてくれるのか」と驚き、感動してくださるほどのことをしなくてはいけません。一番手っ取り早いのは、何度もお詫びに訪問することです。最初はクレームを起こした張本人とその上司の2名が。翌日はさらのその上の職責にある役員と3名で……。これはお客様には大きなインパクトです。散々に手を尽くして、**お客様の傷ついた心を癒すことがクレーム対応の本質**です。

【粋】——相手に感謝されるようにお金を使い、ふるまうこと。ばら撒きは「死に金」

お金を生かして使うことです。ある特定の分野で（一点集中）無駄金を使ったことがない人は到達できない。「のめり込む」とは違います。

「お金を粋に使える・使う」とは、「集中して使える・使う」ことです。めりはりをもって使う、と言ってもいいかもしれない。あれもこれもと見境なく使っていると、お金は生きません。

私は、馴染み（なじ）の和食店に行けば、黙っていても一番いいネタが他のお客様を差し置いて出てきます。それでいてお勘定は高くなるわけではない。料理も酒も、注文したら私に優先的にサーブされます。つまりは、さほど目立つわけではないが贔屓（ひいき）されている。それは私がその店で**「粋に」お金を使ってきたから**です。

具体的にはこうです。まず「行くべき店は数軒」と決めて、それ以外の店にはほとんど行かない。店に行っても、自分の指定席（もちろん心中で勝手に決めたものです）が空いていなければそのまま帰る。席について、料理が出てきたらどんどん食べる。店が混んできたらすぐに帰る。どんなときでも長居はしない。

これは、店にとっては理想的なお客様です。まず大部分の飲食店経営者は、掻（か）き入れ時にはお客様に長居してもらいたくないし、お腹いっぱいになってほどよく酔ったらとっと帰ってもらいたいと心の中では思っているからです。

それはもちろん「店の都合」ですから、お客様が従う必要はありません。ですが、お客様のだれもが「お客様の都合」で飲食しているなか、一人だけ「店の都合」を汲んでくれるお客様がいたらどうでしょう。店としてはそのお客様を大切にするに決まっています。

さあ、よく考えてください。贔屓してくれる店と、してくれない店。同じお金を払うなら、行くべきはどちらですか？　当然、前者ですよね。食べ足りない、飲み足りないのなら別の店へ行けばいいだけなのだから。

こういうふうに考えることができて、なおかつ「そうなるように」一点集中してお金を使える・ふるまえることを「粋」と言います。

粋に遊べる人は、仕事も粋にできます。つまり、あれもこれもと幅広くしないで、狭い範囲にリソースを集中する。自社の都合を通そうとするのではなく、あくまでもお客様都合を考える――。これは、あのランチェスター理論と同じです。

私は仕事も遊びも、もちろん飲食でも、相対する姿勢を変えません。ランチェスター理論に基づいて、どれも「同じ頭」でやっています。だから経営する会社の業績は好調で、料理屋で贔屓される。

【電話番号】

――お客様は「絶対に」覚えてはくださらない。仕掛けが必要

お客様が自社の電話番号を覚えてくださっていると思ったら、大間違いです。こちらでシールを作成して目につくところに貼ってくる。

わが社とモップを契約してくださっているお客様がいます。そのお客様がある日、「フロアマットもあるといいな」と思う。そこでわが社のことを思い出して、追加注文のお電話をくださるでしょうか。残念ながら、なにか特別な「仕掛け」をつくっておかない限り、そんなことはありません。なぜならばお客様は、ダスキンをご存じだとしても、その**販売代理店である武蔵野のことは眼中にないかたが多い。**

もちろん、毎月訪問して交換はする。それはあまりにも日常的な光景で、お客様は「ダスキンが来た」とは思っても「武蔵野の○○さんが来てくれた」とは思ってくださらない。そうである限り、フロアマットはライバルに取られてしまう可能性が常にある。

お客様の意識の中にわが社を刷り込んでおく方法のひとつがノベルティです。それもカレンダーとか、冷蔵庫などに貼ってメモなど挟んでおけるマグネットなど、「ちょっと役に立って」「常にお客様の目につく」ものがいい。そこにはわが社の電話番号が記されているから、追加注文があればご連絡をいただける可能性は非常に高くなる。お客様はわが

社の電話番号など「絶対に」覚えてはくださいません。社名で呼ばないで「ダスキンさん」です。ですから営業担当者は、自分の名前を覚えていただいたり、社名を知っていただく活動をしています。

私が営業担当者だったころは、お客様を訪問すると室内に上がり込んで（もちろん許可を得て）、自分でダスキンのカレンダーを貼っていました。どうです、**図々しい**でしょう。コンプライアンスが厳しくなった現在、そういうことをやっていいかというと否(いな)ですが、**「貼ってください」とお願いされて貼らない人のほうがまとも**と理解して行動するのは無意味なことではありません。「これ、よろしければ貼ってください」とお渡しして帰るだけなら、カレンダーはそのまま古新聞置き場に直行です。

いろいろな会社の営業案内を見ると、電話番号はたいてい最終ページに小さく掲載されています。「もったいないことするなあ」と思います。それからデザイン会社など、スタイリッシュさを追求する会社に多いのが、名刺にグレーの文字で素っ気なく電話番号が書いてあるパターン。10桁だからわかってくれというつもりなのでしょうが、「電話」とも「phone」ともないのだから不親切極まりない。私は電話する気にはなりません。

わが社は、本社も支店も電話番号は下４桁を「６３４０（ムサシノ）」で統一しています。電話番号ひとつにも少しでも覚えやすさを追求している。

【満足】——この世で一番満足が長続きしないのが「お客様」。新提案を欠かさないこと

長続きしないものです。成功とか幸せは他人からの評価に過ぎず、時間が経つと、人は欲深いもので常に上を追い求めてしまう。

あなたがいまの生活に満足していないとしたら、それは「自分が思い描く理想の生活」が揺るぎなくあるからでしょう。あれが足りない。これが買いたい。あれはこうであってほしい……。では、それから少し経って、時間的・金銭的な余裕もできて、これらの理想が叶ったらどうなるでしょうか。

一言、「満足しません」。すぐに新しい、いっそう高い理想ができて、またあれがほしい、これがほしいと不満が出てきます。釈迦(しゃか)やイエスのような聖人はともかくとして、われわれ煩悩(ぼんのう)にまみれた凡人は一生涯、決して満足することはないのです。

わが社は信賞必罰(しんしょうひつばつ)の方針が徹底されているので、優れた業績を上げた社員はすぐに上に引き上げ、給与や賞与でも相応に報います。わずか1年、2年で年収が1・5倍になる社員もそう珍しくない。

数年で年収が1・5倍になれば世界は大きく広がり、余裕も相当に生まれますが、ではそのように「出世した」社員が満足しているかというと、そんなこともないです。3カ月

も経てば「なんでこんなに給与は安いのか」「働きに見合うだけの額を貰っていない」と不満が出る。**つくづく満足は長続きしない**。しかしそれがまともな人間です。繰り返しますがわれわれは煩悩にまみれた普通の人です。

この世で一番満足が長続きしない人がいます。だれだと思いますか？　ずばり、**「お客様」**です。

いま大人気のパチンコ台があって、お客様が開店前から並ぶ。しかしその行列が2年、3年と続くことはありません。いま大評判のスイーツを出す店があって、これも毎日大行列。しかしその人気を2年後、3年後も維持できる店は稀です。別なところに評判になるものが新しく出てくれば間違いなくそちらに流れる。

お客様の満足は続かない。このことをよく覚えておいてください。最近はどの企業でも、少しでもお客様満足度を向上させようと躍起になっています。それはまったく正しいことですが、「お客様の満足は続かない」を知っているかで、取ることのできる施策も変わってくるはずです。基本は、「定期的に新しいものをご提案する」です。新商品、新サービス、とにかく新しくて、そして「良さそう」なものをお見せする。あなたも居酒屋に入って「新メニュー」とかあったら、つい注文するでしょう？　新しいことには、それだけ人を惹きつける力がある。

【目玉】——お客様は比較して購入を決める。比較のための囮商品も用意しておくこと

3つ必要です。4つは多すぎて焦点がぼける。多い時は4つ目以降のものを捨てる。2つのときは無理やりもうひとつつくる。

前ページ、【満足】の項で「お客様の満足は続かない」と書きました。企業は常に新しい商品、新しいサービスを準備しておかなくてはいけない。それを定期的にお客様にご提案して、お客様の声を拾い、お客様の満足が維持できるよう努めなくてはいけない……、と。これは、言うならばお客様が購入に至る心理のありようの話です。

それと関連したことは、**お客様は購入のさい、他の商品と比較して、相対評価で決めます。**こちらのほうが安いから。こちらのほうが高性能だから。こちらの担当者のほうが感じがいいから。こちらの店のほうが家から近いから……。お客様は常に、自分にとって最善の体験を求めています。目の前のこの商品が最善であるかどうか。ご自分の知見の中から、似たような別商品と比較して判断なさるのです。

あなたが寿司屋に行ったら、と想像してみてください。ランチメニューは松・竹・梅と3ランクある。あなたは「今日は梅でいいや」とか「竹にしよう」と考える。恋人と一緒や接待だったら松にする。どうしてそのように決めたか、「自分の懐事情と食欲を踏まえ

て」とか、「見栄を張って」「体裁（ていさい）や体面を重んじて」とかいった要素はもちろん考えるとしても、なにより大きいのは「比較するものがある（あった）から」です。

ということは？　そうです。**お客様にお買い上げいただくには、選択肢（＝比較するもの）を提示して「いかがでしょうか」とプレゼンする必要がある。**

是非ともこれを売りたい、というものがあったとする。性能もデザインも値段もばっちり、つまりそれが本項のタイトルで言うところの目玉商品。ですが「それだけ」では売れないので、囮となる別な目玉商品も用意しておく。「別な目玉商品」といっても囮は囮なので、本命よりはやや見劣りするものがいい。いくら本命を引き立たせるためとはいえ、あまりに変なものをお見せすると会社の信用にも関わります。

経験的なことを言うと、目玉商品は3つあるのが望ましい。正確に記せば本命の目玉商品ひとつ、その本命を売るための囮となる（目玉に見せかけた）商品2つの構成になります。これより多くても少なくてもいけない。2択ではお客様に釈然としない印象を与えかねませんし、かといって4つあると訴求ポイントが分散して本命の印象がぼけます。またお客様の心理としても「選択肢はほしい」が、かといって選択肢が増えすぎるとかえって選択できなくなるからです。

第六章

変化に対応する言葉

【チャンス】――「仕事が振られてくる」こと自体が大チャンス、軽はずみに受けよ

貯金ができない。前から準備をしていないとつかめない。一度つかむと次々に回ってくる。一度逃すとなかなか回ってこない。問題意識をもたないとつかめない。

ある日の会議で、面倒臭そうな案件が取り上げられた。だれが担当になるか。隣の同僚も向かいの上司も目を逸(そ)らして白ばっくれている……。チャンスです！　あなたはすぐに手を挙げてこう言ってください。**「私がやります」**。

なにがチャンスだ、それは難しい案件なんだろう。失敗したら評価も下がるじゃないか、と思われるでしょう。でも安心してください。こういっては誤解を招きやすいが、あなたが参加を許される会議で取り上げられる案件は、失敗してもたかが知れてます。つまり、失敗したところで大きく傷つくことはない。

あなたは、たった一人でその案件に挑むのではありません。頼りになる先輩や同僚もいる。成功すれば、手柄はもちろんあなたのもの。仮に失敗したって「困難なミッションに挑戦した」経験があなたの財産になります。リスクは少ないです。

バッターボックスに立つことを避ければ、三振や凡打からは免れます。しかし安打やホームランは「絶対に」打てません。アクションを起こす機会が巡ってきたこと自体がそも

そも大チャンスだから、軽はずみに行動を起こせばいい。いちいち「失敗したらどうしよう」と考えるのは無駄です。目を閉じてバットを振ったって、まぐれで大当たりする可能性はゼロではありません。先ごろ亡くなった高名なノーベル賞作家の作品タイトルをもじっていえば、**「見る前に跳べ」**。それがチャンスをつかむ一番の早道です。そしてチャンスは、一度つかむと次々とまた訪れてきます。

わが社で総務課長を公募すると、たくさんの手が挙がります。なぜならば仕事内容は面倒なものではないとわかっているし、手を挙げれば社長に積極性をアピールもできると思うから。ところがダスキンライフケア事業部（訪問介護）だと、これは体力も神経も使うしんどい仕事で、責任者に立候補しようとする社員はほとんどいない。総務課もライフケア事業部も、どちらも昇進するチャンスなのに、仕事内容の違いで正反対の結果になる。

総務課長になれたらラッキーでしょうか？　課長になればもちろん給与も増えるし権限も拡がる。その一方で、総務課のような内勤部門はたくさんあり、それだけ課長も多くいるので、厳しい競争にさらされることになる。ここでS・A評価を取って更なる昇進・昇給を勝ち取るのは容易なことではない。ところがライフケア事業部は競争率が低く、高評価を取ることも（比較的）簡単です。コロナ前までライフケア事業部に半年以上在籍した社員は、全員部長に昇進した。

【パクリ】——なにも考えずに真似る。なまじ「考える」と無駄が多くなる

成果が出ていることをそのまま真似ること。工夫はしない。

パクリ。これは、武蔵野流経営の神髄（しんずい）のひとつとも言えるものです。私も、各種講演やセミナーなどでいつもその重要性を説いている。にもかかわらず、なかなか理解されない。理解されてもなかなか実践できないものでもあります。

よその会社で上手くいっていること、成果の出ていることは、「なにも考えず」「そのまま素直に」自社に取り込み、真似をするのが一番です。こうしたらもっといいんじゃないかとか、**余計なことを考えてはいけない。工夫はしない。そのまま真似る。**

でも、これができないんですよね。特に社長になるとどうしてもプライドが邪魔をするから、つい「こうしたほうが」とか「これをベースにこうしよう」と考えてしまう。だから、学んでも肝心の業績は落としてしまう。

考える。結構なことです。人は「考える葦（あし）」とも言います。どうして考えることが業績悪化につながるんだ。そう思う人はもちろんいるでしょう。それを説明する前に、「考える」について私なりに定義を述べておきます。それは「過去の知識や体験を引っ張ってきて、現状に当てはめてみること」です。

こんな例でお話しましょう。あなたは、A社がこのやりかたで業績を伸ばしている話を聞きつけた。A社の社長は親切にも、やりかたを教えてくれる。さあここで、それこそ「考えて」みましょう。A社が行なっている「このやりかた」とは、当然あなたは未体験です。先に私が提示した定義に照らしていえば、「引っ張って」くるものがない状態です。つまり、考えることはそもそもできない。新たな考えを挟む余地はない。これは、あらゆる真似について言えることです。

それでも、無理して考えたらどうなるでしょうか。第3者にはなかなか見えづらいが、A社が「このやりかた」にたどり着くまでには、膨大な試行錯誤があります。ああでもない、こうでもないと失敗に失敗を重ねて、ようやく利益を得たのです。ということは？ そうです。「真似してみたい」と思えた時点でそれは、相当に洗練されているものです。そこに余計な考えや工夫を加えることは、A社の試行錯誤も真似することになる。そりゃ業績も落ちて当然でしょう。一言「無駄」です。

武蔵野がずっと業績がいいのは、いいと思ったものは「なにも考えず」「そのまま素直に」真似をする習慣が文化として根づいているからです。素直に真似をして、それでも上手くいかなかったものにだけ「どうしてだろうか」と考え、改善をする。だからわが社は毎年のように増収増益を達成できている。

【ポスター】――形骸化させてはいけない。数字を入れるなどして「動かす」こと

掲示されているだけで更新もなく、アクションも変わらない掲示物。数字を入れるとプロセスになる。

職場の壁に掲示物の類を貼っている会社はよくあるでしょう。企業理念とか、その期の目標とか、標語とか、その他諸々（もろもろ）。

そういう掲示物はどうなるかというと、たいてい形骸化する。雨で破れかけた街角のポスターのように、ありふれた「風景」に過ぎないものになって、注目されることもなくなってしまう。

よくあること……、ではあるが、これは困った話でもあります。その掲示物は、会社のリソースを使って作成・掲示している。ということは、それは「仕事」の一環として行なっているから、形骸化してはいけない・させてはいけない。**見るたびに意識が変わり、行動が変わるものでなくてはならない**。

どうして掲示物は形骸化し、ただのポスターになり果ててしまうのか。最大の原因は、ちょっと変な言いかたになりますが「動いていない」からです。

「動いていない」とはどういうことか。どうすれば「動く」のか。

ひとつには、それを「活用する」意志のあるなし、そして実際に「活用している」実態に気づく仕組みが必要です。

掲示物を動かす一番簡単な方法は、制作日時を明記しておくことです。あらかじめ改訂日や改訂責任者を決めておき、内容の変更があればもちろんその日時を記す。文言は社員に少しずつしみこんでいき、やがて血肉となって行動を変えます。

あるいは掲示しているのがその期の数値目標なら、業績の推移をグラフにして、リアルタイムで書きこんでいく。そうすれば未達額も一目で明らかになるので、期末までの日数から逆算もしやすくなり、「ならば今日はこれだけ売り上げないと」と、おのずと行動も変わるでしょう。

この「数字」が特に大切です。会社の数字は日々、文字通り「動いて」いるからです。前述した業績の推移はその典型ですが、その他にもいろいろと応用は利く。たとえば「○○のプロジェクトを成功させよう！」みたいなスローガン、これは「ポスター」になりやすいものの典型ですが、しかし横に「キックオフまであと○○日」とか表記して毎日カウントダウンさせてごらんなさい。結果は大きく違ってくることが感覚的に理解できると思います。

ポスターは、数字を入れることでプロセスになる。

【依頼】――安請け合いせよ。手に余ったら上司を頼れ。それがあなたの成長を促す

上司から期待されている。できそうもない人には頼まない。

上司は、数字に対する責任を負わされています。これは一介の一般社員では到底理解できない高度なプレッシャーです。だからあなたの上司は常に「この仕事はどうしたらうまく完遂できるだろうか」と考えています。

そんな上司がある日あなたに「これをやっておいて」と指示してくる。その意味がわかりますか？　あなたは「期待されている」のです。あなたがその仕事を完遂できなければ部門の業績が下がり、管理責任が問われることとになる。それは上司にしてみれば、どうあっても避けたい事態です。

つまり**上司が仕事を振ってくるとは、「きみならうまくできる」と思われている証拠**です。是非その意気に感じて、積極的に引き受けてください。

「積極的に引き受けて」との関係で書いておくと、私はよく「安請け合いせよ」と言います。面倒な仕事が持ち込まれた。自分の力量ではうまくこなせるか不安だ。それで尻込みをするのではなくて、むしろ積極的に手を挙げてください。「私がやります」と。その仕事はもちろん、あなたの手には少々余るでしょう。そんなときはどうするか。簡単です、

仕事を振ってきた**上司に手伝わさせればいい。**「課長、ちょっとヘルプをお願いしたいことが」。課長は、その場ではしかめっ面をするかもしれませんが、内心では部下に頼られてまんざらでもありません。そして仕事が完遂したとき、あなたは昨日のあなたより少しだけ前進しています。

人は例外なく、**少しだけ負荷をかけることによって成長します。**いつもの通りの仕事をいつもの通りにこなしているだけではスキルアップは永遠に望めません。

また人はだれも、楽して高い給料を得たいと思っています。同様に、苦労せずに出世したいとも願っています。これはもう人間の本性ですから、一概に責められるべきではありません。ところが**会社は慈善で事業を行なっているわけではないし、道楽で昇進昇給を決めることもない。**だから仕事の手を抜いている社員に高給を払うことはできないし、これといった経験を積んでいない社員に地位を与えることもできない。もしかしたらあなたは「適当にやってりゃなんとかなるだろう」くらいのお気持ちでいるかもしれませんが、一言「幻想」です。

あなたが職業人として一人前になるためには、ひたすらひとつのことに心を集中して仕事をすることが必要です。いやだ。面倒くさい。怠けたい。そんな気持ちは脇に置いて、是非「未来の果実」を積極的に取りに行ってください。

【守り】——現状を守っていても改革はできない。いまだからできることをする

隙ができるとともに、革新的（積極的）な発想も生まれず、また集団としての目指すべき目標にバラツキが出る。

わが社の経営理念には「とどまることは退歩である」とあります。なぜ退歩かというと、お客様は、はたまた経営環境は（引っくるめて「社会は」と言ってもいいかもしれませんが）常に前へ前へと進んでいるからです。会社が歩みを止めたらどうなるかというと――、なに、簡単な物理の問題です、あっという間にお客様の視界から消えてしまう。そして二度と思い返されることなく、再びお買い上げくださることもない。行きつく先は倒産、合併、吸収です。

わが社は社員全員に、積極的に前進してもらいます。もちろん「前進してもらう」と私が思っているだけでは駄目ですから、朝礼では必ずこの経営理念を唱和させてもいます。やはり**マインドに関することは、肉体的な所作を伴って身体に染みつかせていく**に及ぶものはないと私は考えています。

わが社の課長を長くやっている社員は保守的というか、攻めの姿勢をおろそかにする傾向があります。待遇面で恵まれているし、そのわりに責任は少ない、それなりに裁量もあ

るし……、というわけで「居心地がいい」です。

保守的になっては駄目です。とかく人は、特に地位ができると守りに回るものですが、立場が上になるほど積極的な攻めの姿勢を堅持していかなくてはなりません。

2020年からの数年は、コロナ禍やロシアによるウクライナ侵攻など世界的痛恨ごとにいくつも見舞われて、それが日本経済を直撃しました。売上が前年の半分になったとか、8割下がったという会社は、私も直接、もしくは間接に多く耳目にしています。また飲食やエンタテインメントなど、（構造的に）厳しい局面に直面せざるを得ない業界もたくさんある。こういう時代は、多くの会社がブレーキを踏みます。それが正しいことのように思う。しかし、それでも伸びている会社もあり、それは例外なくアクセルを全開にして加速している。つまりは「攻めている」。**現状をいくら守っていても改革はできません**。わが社は販売戦略から人材戦略に大きく舵取りを変えました。お客様に喜ばれる期待人材モデルを明確にして、失敗しない採用と辞めない教育を徹底します。採用で失敗すると教育で取り戻しできない。ストライクゾーンを明確にしたから、社内結婚10年間に60組、なんと離婚は1組です。

人が辞めない取り組みは、内定者の時代から若手社員とのサシ飲みを行ない、オープンな風洞（ふうどう）としがらみのないオープンな文化を構築しています。

【出直し】——挑戦は素晴らしい。挑戦が失敗に終わって撤退も素晴らしい

間違ったと思ったら未練を残さない。そのとき失なうものがいかに大きくとも、そこで出直して先々得るものに比べたら、大した痛手ではない。

あるとき私は、社歴の長いベテラン社員の名を挙げて「4月からダスキン事業部に配属する」と、全社員に向けて宣言しました。

昨日の経理部長が今日は営業部長に、今日のルート担当者が明日のコールセンター勤務に、といったダイナミックな人事はわが社のお家芸なので、その異動の発表自体にはだれも驚かなかったが、その日の晩の布団の中で私はふと、「いや、ちょっと待てよ……」と思い直しました。

先述のとおり彼は社歴が長い。つまりはそこそこ年長者である。そんな社員が、(比較的) 若いスタッフで和気靄々(わきあいあい)と運営されているダスキン事業部に送ると、現場がむしろ困るだろう。思えば彼の資質は、ダスキン事業部の諸業務よりももっと適したものがあるはずだ……。

そう考えると、私はもうこの人事が間違っているとしか思えなくなり、また全社員に向けて「やっぱり止める」と宣言、そして経営サポート事業部へと配属しました。寸前で撤

回・変更する人事もわが社は日常茶飯事で、社員はもとより異動を命じられた本人も「またか」の目で見るだけでしたが。

社内で一番繊細に社員を見ているのは社長です。一番的確な人事異動ができるのも社長。そんな社長でも間違えることはある。間違えたと思ったら変えるのが当たり前です。義理や体面にこだわっている場合ではありません。

サンクコスト（投資済みの、回収不可能なコスト）を惜しんでずるずると投資を続けてしまう（結果、かえって損失が拡大してしまう）ことを「コンコルドの誤謬」と言います。あの超音速旅客機・コンコルドが、建造途中からどうしても採算割れすることが明白になったのに、それまでの投資額の大きさゆえに計画を中止できなかった故事にちなんだ心理学用語です。コンコルドは英仏両国の国家的プロジェクトでしたから赤字もなんとかなりましたが、中小企業はそんなのんびりした真似はできません。

誤解ないように申し添えておきます。新しいことに挑戦するのは悪いことではありません。むしろ積極的にやるべきです。それで失敗もよくあることで、気にする必要はありません。しかしその失敗が、どうにも自分の手に負えない、乗り越えられそうになければ、過去の投資がどうとか未練たらしいことは考えず、潔く（そしていち早く）撤退するべきです。それが結果的に一番損害が少なくて済みます。

【生産性】――経費を減らすは社員の仕事、粗利益を増やすは社長の仕事

成果に対する費用の割合です。費用を小さくするのが社員の役割であり、社長の役割は成果を大きくすることです。

年間経費の合計が15億円、粗利益額が20億円のA社があります。冒頭のリードで記したように、生産性とは「成果に対する費用の割合」ですから、A社のそれは〈20÷15〉で、1・33になります。この数字をやがて1・5、1・75……、と増やしていくことは、あらゆる会社に課せられたミッションです。

これを実現するための手段は、ふたつしかありません。**ひとつは、経費を減らすこと**。それまで3人でやっていた仕事を、やりかたを見直すなりITツールを導入して2人でできるようにするとか、30時間で完遂していた仕事を29時間半でできないかとワークフローを工夫するとか、そういうことです。

もうひとつは、粗利益額を増やすことです。積極的な広報活動によってお客様の数を増やすとか、付加価値の高いサービスや商品を開発して顧客単価を上げるとか、周辺事業のビジネス分野に参入するとかいったことです。

というとなんとなく想像もつくと思いますが、「経費を減らす」のは基本的に社員の仕

事です。日常業務にひそむムリ・ムダ・ムラを洗い出し改善するのは、最前線でその仕事に従事している社員でないとできないことです。

そして「粗利益額を増やす」のは社長の仕事です。なぜなら、会社で一番遠くまで見通せるのは（見通せてなくてはならないのは）社長に他ならないからです。

わが社は、新しいことを始めるときは必ず社長直属のプロジェクトにして、立ち上げから軌道に乗るまで私が逐一管理しています。また多忙の合間を縫ってチームメンバーのボイスメールを聴き、日報を読んで現場の状況把握に努め、大局的な視点から方針を決定しています。すべては「粗利益額を増やす」ためです。

また私は、**社長がトップセールスマンでなくてはならない**と考えています。それは、先頭に立って商品・サービスを売り込んで行くのはもちろんですが、あらゆる機会を捉えてわが社の広報をする。わが社の利益に繋がることをする。私が講演をするのは、それをきっかけにわが社が主宰するセミナーに興味を持っていただくためです。ビジネス系サイトに連載を持つのも、本を上梓するのもそうです。

ここで大切なのは、ターゲットの選定。わが社のセミナーに参加する・社員を派遣する決定権を持っているのは、社長です。ですから私は社長向けの講演や社長向けの連載しかしない。私は**「成果が出ること以外はしない」**と決めている。

【早帰り】――仕事を終える時間を決めたら厳守する。それでクオリティが向上する

終わりの時間を決めて仕事をする。プライベートを充実させ、健康を保つための大事な取り組みです。

いつまでも仕事が終わらない人。良質な仕事ができない人。仕事の「量」をこなせない人……。こういう人たちにはひとつの共通点があります。それは**「仕事を終える時間」を決めずに仕事をしている**ことです。

どんな仕事も、着手する前に「これは17時までに終わらせる」と決める習慣を身につけてください。そして決めた時間が来たら、たとえ仕事が終わっていなかろうが、あるいはどれほどおもしろくて勢いがついていても、すぱっと止める。これを習慣づけることによってあなたの仕事は次第に効率化し、そして質も上昇します。

なぜか。終わる時間を決めることによって、「いま、なにを、どうするべきか」という思考訓練が蓄積（ちくせき）されていくからです。

17時までに仕事を終えて退社すれば、いつ・どこで・なにを・どれだけすればいいのか。現在のペースで進めるとして、それで17時に間に合うのか。間に合わない仕事は明日以降に回してもいいのか。あるいはだれかの手を借りたほうがいいのか……。「仕事の終わり

時間を決める」。それだけのことで、なにをしなくてはならないかが逐一明確になる。これは「できる人材」に成長するうえで不可欠のプロセスです。

私は毎朝、その日やるべき仕事を確認します。そしてそれぞれの仕事に逐一、始める時間と終える時間とを決めて出社します。嘘や冗談ではなく、本当に分・秒の単位で仕事をする私は、あらかじめ予定を決めておかないとすぐに立ちゆかなくなってしまう。

私は、仕事を終える時間はもちろん決めますが、仕事をする順番・場所も決めることが多いです。自著の校正とか日報の添削といった「書き仕事」は人の邪魔の入らないところで専心したいので、「自宅と新白河のセミナーの2日目」と決める。移動時間は、交通渋滞や自然災害でもない限りは大きくは変わらないから、カバン持ちの社長・社員の質問タイムにしている。「終える時間」も自動的に決まる。

私も生身の人間ですから、時に時間通りに仕事が終わらないこともあります。そんなときは「うやむやでも無理矢理仕上げてしまう」。または「潔くギブアップする」、そして「別の（予定していた）仕事に移る」です。重要な仕事であればリスケをしますが、中小企業の現実として、終わらなかった仕事の大部分はなりゆきでもいいし、手をつけなくても大きな問題にはなりません。必要以上に気にして他の重要な仕事に手がつけられなくなることのほうが深刻な事態を招きます。

【読書】——未体験のことは、いくら本を読んで勉強しても身につかない

体験の補強です。限られた自分の体験・経験を掘り返し、熟成させるものです。ただし、体験したと錯覚しないように気をつける。

以前、とある出版社の記者が取材に来ました。「若い社員に決算書を読ませるにはどうしたらいいか」「お勧めの参考書はあるか」という内容で記事を書きたいと言うが、ああ、事前に詳しく取材意図を確かめておけば良かった、と激しく後悔しました。

だって「そんなの無駄ですよ」としか答えられないじゃありませんか。「若い社員」というからには20代、30代前半くらいでしょう。よほどの一流企業のエリート社員ならばともかく、中小企業の平凡な一般社員が決算書に興味を持ち、参考書を読んでみようという気になるはずがない。

読書に意味がないと言うつもりではありません。古今東西の優れた文学作品を読むことは、視野を広げ、人生を豊かにしてくれます。好きなものを好きなだけ読めばいいと思う。ところが、ビジネスパーソンが、自分の仕事の助けとなる上で読む実用書となると話は違ってきます。来月から管理部門から営業部門への異動の内示が出て、営業の仕事のなんたるかを学ぶべくセールスの本を読んでみようとする。その心がけは殊勝(しゅしょう)ですが、残念ながら

無意味です。なぜなら彼にはまだ、営業担当者として物を売った経験がないから。

ここを皆よく間違えます。**自分に体験のないことは、勉強しても役に立ちません。**体験や経験を補完するのが実用書の読書です。セールスの本を読むべきは一度でも「売った」経験のある人。そうでなくては勉強になりません。あるいは「売った」経験のある人でも、あまり高レベルな本を読んではいけない。これまで平凡な成績しか挙げられない平凡な営業担当者なら、世界に名だたる経営者、著名コンサルタントのビジネス本を読んでも意味はないです。なぜならば見えている世界の桁（けた）が2つ3つ違うから。年間50台の車を売る営業担当者が、300台売る営業担当者の書いた実用書を読むことには充分な意味があるが、世界的自動車メーカー経営者の語る経営論を読んでもしかたがない、といえばなんとなく想像もできるでしょう。まずは現在の（あるいはこれからの）実務で試行錯誤をして、少しでも成果を出す。その成果を前提に、少しだけレベルの高い本を読んで勉強をし、また成果を出す。これを繰り返すのが肝要です。

なお本書は、どのレベルの人が読んでも勉強になるよう入念に執筆・編集されています。このまま安心してお読み進めください。10冊、20冊とまとめ買いしてプレゼントすると社員の人生の血肉となります。

【抜擢（二）】――立場が人をつくる。抜擢した後に「抜擢した理由」が生まれる

（一）部下を信頼して大役を任せることです。「これだけはやってくれ」「これだけはやります」。若いということはためらう理由ではなく、決める理由です。抜擢されなかった先輩、同期のかたは次の機会を待ってください。もっと大きなチャンスがあなたに来ます。能力がなかったら、元に戻します。新部門に行くときには、部下を連れていってはいけません。

（二）抜擢は実力主義とし、年齢・実績にとらわれず登用する。

私はいつも、「この人に任せて大丈夫かな？」と心配しながら社員を店長に抜擢してきました。ところが「知らぬが仏」とはこのことでしょうか。本人は「自分は実力があるから抜擢された」と解釈する。私としては、AくんかBさんか判断しかねて、やむなく賽子を振って「偶数が出たらAくん」「奇数ならBさん」で決めたときもあります。本当の話です。

この丁半博打、いままで一度も外れたことがない。なぜならば抜擢の理由は、抜擢された後に生まれるからです。

よく「立場が人をつくる」と言うでしょう？　抜擢されたことによって本人も自覚が芽生え、やる気が促された。だから結果を出すこともできた。それをもってAくん（あるい

はBさん）でよかった、今回の丁半博打も当たりだった、と思っているに過ぎません。抜擢された時点では、Aくん、Bさんに差はない。店長に就任して、新しい仕事をやってから差がつきます。

ただし「新しい仕事」も、まったく経験のないことであればだいたい失敗します。失敗すれば更迭（こうてつ）などの処分も下さざるを得ないですが、私はそれで社員に腐ってほしくないと願っている。失敗によって得がたい経験を得たと前向きに捉（とら）えてほしい。

わが社は、役員でも店長時代には数々の失敗をして更迭された経験を例外なくしている。失敗は、どんどんしていい。失敗経験によって彼の現在の地位があります。店長になって喜んだのもつかの間、また一営業担当者に戻されて……、というのは振れ幅も大きなぶん失望も大きくなるでしょうが、「自分は駄目だ」と思って転職なんかしたらもっと駄目になります。

考えが古い社長だと「彼は、彼女はまだ若いから」と、年齢を理由に抜擢を控えることがあります。しかし抜擢するかを検討するメンバーに挙がったということは、それだけ優秀な成績を上げたからです。ならば社歴にかかわらず、相応の地位をもって報いるべきです。**「若い」とは、躊躇（ちゅうちょ）する理由ではなく、むしろ積極的に抜擢する理由です。**

【抜擢(二)】——社員評価は相対評価で。A評価・S評価の社員には必ず報いること

昇給ポイントに関係なく昇格する。

野球では、4番打者にホームラン数や打率の基準はありません。今期のホームランは15本、打率は3割に満たなくても——、これは4番打者としてはいささか不満足な数字ですが——、それでもチームの中で一番多くホームランを打っていて、打率も1、2を争うくらいなら4番は不動です。

ところが、会社はそうでないことが多い。役職や報酬を与えるのが嫌なのか、「彼は3割に達してないから昇格は見送ろう」なんてことをする。それがなにを招くかというと、社員の士気の著しい低下です。**3割に達していなくとも、一番は一番だからそれにふさわしい処遇をしなければいけない**。さもなくば人心は離れていくばかりです。

私は基準不足でも一番は一番と割り切って昇格させます。今期は「各自1000万円売上げる」と目標を定める。Xくんは目標を達成して、これで俺は今期A評価だと思う。ところがYくんは1100万円、Zさんは1200万円売上げた。XくんにA評価を与えないのは当然です。**「目標を達成した」理由で全員をA評価にするのは悪しき平等主義**です。Xくんはいいかもしれませんが、YくんとZさんは面白くない。そして「頑張るだけ無駄

だ」と思って、以降は仕事の手を抜くようになる。会社の社員評価は常に相対評価で行なうのが公平です。部長職未満の職責にある社員は特に。

武蔵野の抜擢の基準は、①実力主義とし、年齢・勤続にとらわれず登用する。毎年1人以上は抜擢する。②SS評価を受けた者。③特に功績が認められた者です。10年に1人くらいは「抜擢はしたけれど基本給はほとんど変わらない」という社員が出る。この最低記録を持っているのが社員Mで、部長に抜擢されたにもかかわらず昇給額（支給額）は70円増でした。だれだって部長になれば2万円くらいは昇給するのが普通なのに、Mは70円。わが社ではいまも、これを超える（下回る）記録は出ていません。

「それではMさんはかえってやる気を失うのではないですか」。いいえ、そんなことはありません。昇格すれば権限や裁量もケタ違いに大きくなり、役職手当も変わる。賞与もその職責に応じて計算される。メリットはあります。

昇給額は70円だったが、昇格させたMは、その後活躍して本部長に昇進した。もし私が「Mは評価は高いが昇給ポイントは未達だから、昇格は見送ろう」と判断していたらどうだったか。Mはここまで活躍していなかったでしょう。

【否定】——「やりたくない」という気持ちに素直でいると人生は向上しない

なにか問題が起きたとき、楽だから逃げることです。

上司があなたに命じます。「これこれのことをしなさい」。うーん、なんか面倒くさそうだな。難しそうだな。やりたくないな。それであなたはこう返事をする。「そんなこと言われても無理ですよ」。

そうやって否定をし続けてなにかが好転するかというと、しません。状況はまったく変わりません。「変わらないなら結構なことだ」と思われますか？　しかしそれでは職責も、給料も変わりませんから、あなたの人生はひとつのところに止まったままずっと向上しません。「やりたくない」といってやらないとは、そういう後ろ向きの人生を容認することだと理解してください。

わが社にはいくつか転機がありました。中でも大きかったのは2000年度の日本経営品質賞を受賞したことです。あの落ちこぼれ集団が、どうして権威ある賞に輝いたのか――。受賞を契機に一躍、注目を集めるようになったわが社には全国の中小企業経営者から会社見学のご依頼が引きも切らず押し寄せるようになり、それが経営サポート事業部の設立につながりました。

日本経営品質賞への取り組みは、受賞から遡ること3年前の1997年から始まりました。このときはなににしろ、社員はもとより社長の私までもが正真正銘の出来損ないだったために、『日本経営品質賞アセスメント基準書』という参考書を読んでも、コンサルタントを招いてレクチャーをしてもらっても、なにがなんだかまったく理解できなかった。

なぜ安からぬコストをかけて、これっぽっちも理解できない勉強をしなくてはならないのか、とだれもが思いました。「こんなことをする時間があったら仕事をしていたほうがいい」と強硬に主張する経営幹部もいて、それでも私が「止める」とは言い出さないものだから、業を煮やして辞めてしまった幹部社員もいた。でも、こうやってだれもが「嫌だ」「無意味だ」と思いながらも取り組みを続けたから受賞があり、その恩恵を今も受けています。

人間は、享楽的なことへの誘いは即断即決します。「遊びに行こう」「酒でも飲まないか」。でも禁欲的なこと・節制的なことはなにかと「しない」「できない」理由をつけて行動しようとはしません。それでは人生は向上しないことは既に述べた通りです。

ですから、**まず肯定すること、行動することです。嫌だ、嫌だと思いながらもやる、それがなにより尊い**です。否定するだけでは発展もなく、思索だけでは新たなものを生み出すこともできません。

【有能な使われ人】
――社長の方針が間違っていても、即座に実行できる人が正しい

社長の言ったことを即実行に移せる人です。これを重ねていくと人生が良い方向に変わります。

中小企業においては、社長の方針は「絶対」です。

会社に勤めていれば、実にいろいろな方針が社長から示されてくることでしょう。西に行け。いや東だ。ここに穴を掘る。いや埋めよう……（これらは象徴的な意味で書いています）。あなたは、なんて気まぐれで一貫性のない社長だと腹を立てるでしょう。やってられないよ、その場の思いつきで振り回されちゃたまらないよ、と苦々しい思いもするでしょう。ですが、こうした**社長の言葉に即座に対応できないならば、いっそ会社を辞めたほうがいい**です。

なんたる暴言、と思うかもしれません。しかし中小企業の最大の武器は、迅速（じんそく）な意思決定と行動の早さ、つまりは身軽さです。社長の示した方針に即応できないと、その武器を捨てる、すなわち市場をライバルに献上（けんじょう）することになる。それは会社にとってはもとより、あなたの人生にとってもマイナスに違いありません。

私はわが社の社員に言います。「どんなに優秀であっても、社長の方針を実行できない

人は絶対に出世させない」と。弱腰の社長は、「○○くんはわが社の稼ぎ頭だから」と言って、彼のわがままを見過ごしたり、それなりの地位を与える。当座はそれでなんとかなったとしても、その甘さはやがて組織に致命傷を負わせます。

というと、こんな反論が返ってきます。「社長だって人間だ」「そうである以上、示す方針が常に正しいとは限らないではないか」。それはまったくその通りです。現にこの私だって、しばしば間違えます。「ほら見たことか。社長の方針を鵜呑みにして行動する前に、じっくり考えてみることが大切だ」。

しかし、それは違います。社長の方針に逆らって失敗したらどうするのか。責任はどう取れるのか。損害を一人で弁済できるのか。まあ、まず無理でしょう。法的にも、額面的にも。経営責任を負うことができるのは社長だけです。そうである以上、**なによりも優先されるのは社長が決めた方針**です。それに、間違った方針を実行すれば、当然のことながら間違った結果が出ます。売上が落ちる。お客様が離れる。離職率が高まる……。そうすれば社長も気づきます。「あ、これは間違っていた」。そうすれば別の施策を打つことができる。間違いに気づくのが早ければ早いほど対策も早くでき、「傷」も浅くて済む。

つまり、明らかに間違っていると思っても、それが社長方針なら即座に実行できる（そして、それは間違っていることを社長に気づかせることができる）社員が優秀です。

【検証】——好調のとき「どうしてそうなっているのか」を熱心に考えること

実行した後に、成果を確認する作業です。

あなたは部下に命じます。「これをしなさい」。部下はとりあえず「はい」と言う。それであなたは安心するが、実はここに落とし穴があります。あなたは、部下が本当に実行したかどうかを確かめましたか？

確かめたならば実に結構。では重ねて質問しますが部下が実行したのを確かめたのなら、最後までやり遂げたかどうかは確かめましたか？　それがどれだけの成果につながったのか検証はしましたか？

検証の結果、**うまくいったことは横展開し、思わしくなかったこと・奮わなかったことは改める**。この繰り返しで組織は強靭になっていきます。当たり前ですが**「やったらやりっぱなし」は駄目**です。

ところが、この「検証」がなかなかできないです。わが社の管理職はもとより、私が指導する経営者も「できない」「おろそかになりがち」です。

なぜできないのでしょうか。理由は単純、「検証程度の作業なら、空いた時間にでもやればいいや」と考えているからです。暇になったらやろう、この仕事の目処がついたらやろう。そんな心構えでは検証はできません。

私は「環境整備」の重要性を言います。仕事で使う道具は使いやすいように、またいつでも取り出せるように、常に整頓しておかなくてはいけない。それができないようでは成果を出すことなどできない、と。

「検証」ができないのもそれと同じです。「空いた時間にやろう」は、言ってみれば「実行予定の整頓」がなされていない状態です。本気で検証するなら、予定表やＴｏＤｏリストをつくり、スケジュールや検証する内容をきちんと整頓しておくこと。「いつ・どこで・どうやって」を明らかにするのは検証作業の基本です。

もうひとつ付け足すと、検証は数字に基づいて行なってください。先月と比べてどうだったのか。前年同期と比較してどうか。それを都度きちんと把握する。

「頑張ってます」「一所懸命やっています」。言葉はいくらでも飾ることができます。**しかし数字は「それだけで言葉」であり、冷徹なデータ**です。嘘をつくことができません。数字が上向いていると、つい浮かれて検証がおろそかになりがちだから、特に気をつけてください。状況が悪いときは人は黙っていても熱心にあれこれ対策を考えるが、本当は**調子のいいときに熱心に「なぜそうなったのか」を考え、検証ができると最高です**。

【見える化】

——アクションを起こすこと・変えることが伴わなくてはならないもの

行動が変わるために可視化する。仕事を整理・整頓する。業務プロセスの可視化で意識、行動、数字が変わる。

その昔、「見える化」という言葉がビジネスシーンで大きな注目を集めたことがありました。いま、自社はどういう状況になっているのか。売上は、利益はどうなっているのか。在庫は減少傾向にあるのか現状維持か……、云々。

「見える化」はこうした、ややもすれば**ブラックボックス化しがちな情報を把握しやすくして、経営改善に役立つものに**しよう……、という目的のものだったと理解していますが、では「見える化」に取り組んで、その目的を果たすことができた企業はいったいどれだけあるのか。私の知る限り「そんなには多くない」が正直なところです。

なぜ「見える化」の取り組みが失敗するのか。想像するにそれは、「見えるようにする」ことを目的としてしまったからでしょう。大切なのは、本来は目には見えない・見えづらい事柄を数値化や仕組みによって「見える」状態にして、さらにそこから**具体的なアクションにつなげること**であるはずです。ここを踏まえない「見える化」は、ただの「見せる化」です。

業務において「見える化」を実現するためには、仕事を整理・整頓しておくことが不可欠です。

「整理」とはなんでしょうか。武蔵野流に言えばそれは、必要なものとそうでないものとを区別して、必要ないものは捨てることです。成果の出ない仕事は捨てる（＝止める）。難しい仕事は捨てる（＝後回しにする）。かくして、成果の出しやすい仕事を、効率よくこなしていく。

では「整頓」とは。これもまたわが社の価値観で言えば、必要なものを必要なときにすぐに取り出して使えるようにしておくことです。大きいもの順に、あるいは小さいもの順に。五〇音順に。決められたものを、決められた場所に、決められた通りに置く。かくして、仕事のしやすい環境を整え、備えておく。

……と、こう書けばお察しになるかたも多いと思いますが、これはわが社の環境整備そのものです。つまりわが社は環境整備を通じて「見える化」を毎日行なっている・「見える化」のための思考訓練を行なっている、とも言える。わが社が「強い」のは、実にこのおかげです。わたしが常々「環境整備はただの美化活動ではない」と強調するゆえんもここにあります。環境整備こそ中小企業の利益の源泉です。

ページを改め、【見せる化】についてお話しします。

【見せる化】——期日や数字を明記することで逆算ができ、行動を変えられる

自己満足に過ぎない。ただの風景です。意識、行動、数字が変わらない。

前項で、大略「『見える化』とは、なにごとかを『見える』ようにして、そこから具体的なアクションにつなげること」と述べました。ここを踏まえない「見える化」は、ただの「見せる化」に過ぎず、だからどれほど熱心に取り組もうが経営改善には役立つことはない……、云々と。

さて、「見える化」を具体的なアクションに繋(つな)げる、とはいうものの、ではいったいどうすればできるようになるのでしょうか。

一番簡単で確実なやりかたは、数字を記しておくことです。数字って？　わかりやすい例でいえば、期日とか目標値とかいったものです。今期の目標が前年比100万円増の売上としたら、「期末まであと○日」とか「目標金額まであと○○万円」とか書いて、「見える化」しておく。

このさいの「見える化」ですが、**最善はグラフを模造紙に描いて、壁の目立つところに貼り出しておく**ことです。間違ってもグループウェアの奥のほうにデジタルデータとして保存していてはいけません。それは絶対にだれも見ませんから。

アナログ的な模造紙のグラフが貼り出されていれば、毎日嫌でも目に入る。するとスタッフは「期末まで余すところ2週間か」「未達は120万円だ」「ということは休日を除いて、1日あたり12万円は余計に売り上げなくてはいけないぞ」と、無意識のうちにも逆算する。逆算ができれば、行動も変わります。

掲示物に入れる期日なり数字なりは、当然毎日書き換えます。「あと30日」「あと25日」「あと60万円」「45万円」……。64ページの【ポスター】の項で掲示物には「動き」が必要と書きました。書き換えという「動き」がない掲示物は、あっという間にただのポスターと化します。それは、言うなればありふれた日常風景になることで、アクションが変わることは望めません。

私は「仕事の終わる時間を決めなさい」と言います。いつまでもこの仕事ができる、と思って油断するから生産性が上がらない。仕事を始める前には、あらかじめその仕事を終える時間も決めて厳守する習慣を身につけておかないと仕事の質も量も向上しませんよ……、と。**期日を入れる・数字を入れるとは、終えるときを決めることに他なりません。**

本書をお読みの皆さんも、行動予定表はいつもお持ちでしょう。その予定表に則って日々仕事に邁進(まいしん)しておられるでしょう。それは大変に素晴らしいが、問われるべきは「その行動予定表は、期日や数字が入っていますか?」です。

【ベンチマーキング】

――他社の優れたところを見つけられない鈍さが恥ずかしい

他社様にお伺いし、アイデアをパクる。真似をすることです。簡単で成果が出ることをひとつ行なう。

上巻106ページで、わが社の本当の社名は**「株式会社モノマネ展示場」**だと書きました。その意図するところは、他社のいいところ、優れているやりかた、素晴らしいノウハウなどを片っぱしから真似しているからです。真似するばかりか、セミナー等を通じて売ってさえいる。

多くの人がこの「真似」ができません。「そんなことをするのは俺のプライドが許さない」とかなんとかいって、オリジナルにこだわる。馬鹿馬鹿しいと言ってやりたいですね。「あなたはいま、ワイシャツ着てネクタイを締めていますよね」「そのスタイルはあなたのオリジナルじゃありませんよね。だれかの真似ですよね」。

服装は真似をして平気なのに、優れた仕事のやりかたが真似できないとは理屈の通らぬ話ではありませんか。

真似をすることが恥ずかしいのではありません。**他社の優れたところを見つけられない、見つけられても認められない・真似できない感性の鈍さが本当に恥ずかしい**です。

真似に加えてもうひとつ大切なことがあります。リードにもあるように**「簡単で成果が出ることをひとつ行なう」**です。他社が実行している優れたやりかたの中には、一朝一夕では真似のできない困難なもの、慣れが必要なものが多々ある。そういう難しいものは後回しにして、まずは簡単に成果が出せるものをやればいいです。

簡単に出せる成果はどんどん出して、積み上げていくことが大切です。ひとつの大きな成果は、たくさんの小さな成果を基礎として成立するからです。

「簡単に出せる成果」の最たるものは、ツールの導入です。だれかが便利そうなものを使っていたら、それを自社でも取り入れてみる。私がiPhoneを使うようになったのは、とある社長が使っているのを見たからです。数年前に導入したChatworkも、同様に社長仲間がその利便性について教えてくれたのがきっかけです。

私が初めてタブレット型コンピュータを見たのは1987年、オランダでのことです。そのときは「使いものにならない」と思った。やがてiPadが発売になり、操作のしやすい大画面とまず充分な通信速度を備えたことで、出張帰りの新幹線の中でも、海外でも仕事を完遂できるようになった。私は思いましたね。ああ、これでようやくホワイトカラーの仕事場が実現できたなあと。……自分が経営しているのは「武蔵野」ではなく「モノマネ展示場」であることも忘れて。

【異動】――それはビジネスパーソンとしての絶好の成長機会

納得することはない。やり残したと思うのは、いままでやらなかったからです。

人間は本質において保守的なもので、慣れ親しんだ環境はなるべく変えたくない。新しく仕事を覚えるなんてまっぴらだ。このぬるま湯に浸かったままで、定年までゆるく仕事をしたい。でも昇給は急いでお願いしたい……（厚かましいですねえ）。

だから人事異動の内示を出すと、社員からは相当な抵抗がありますね、いまでも。「まだこの部門でやり残したことがあります」なんてそれっぽい理屈を言うが、「やり残した」なんて誰も信じていない。さぼっていただけ、手抜きをしていただけです。……と断言できるのは、私自身も一般社員のころはそうやってさぼっていたからに他なりません。

話を戻せば、それがパワー・ハラスメント的な人事でないなら、「この部門にいたい」「あそこに異動するのは嫌だ」と駄々をこねるのは間違いです。「どこへでも行きます」と受けるのが正しい。なぜならば**ビジネスパーソンとしての成長は、変化によってもたらされるからです**。もっとあからさまに言えば、変化によって新しい体験をすることなしにはスキルは決して向上しません。

しばしば誤解されることですが、仕事の良否は必ずしも時間に比例はしません。スキル

3の社員が10時間仕事をして、それでスキル30の仕事になるかといえば、そんなことはない。スキル3の社員がする仕事は、いつまで経ってもスキル3のままです。であれば、**別の部門に異動して新しいを経験を積む**に及ぶものはない。そうすれば本人のスキルも4・5・6と上がっていくし、そのぶん良質な仕事もできるようになる。いまいる部門に「やり残したことがある」と心から思っているのなら、別部門でスキルを上げてから再度戻って取り組んでもらうのがいいです。

「いまいる部門で満足する仕事ができていない」といって異動を嫌がる社員もいるが、これも間違い。**経営者はスキル3の社員が、スキル3の仕事で満足してもらっては困る**。ならばスキル4・5・6なら満足していいのかといえばそれも違って、在籍している限りにおいては常にスキル向上に努め、仕事をやりとげたら「ああ、もっと上手くやれる方法があるのではないか」と考えるくらいであってほしい。

私が社長業に、セミナーに、講演に、執筆業にと幅広く仕事ができるのは、現状に満足することなく、そして失敗を恐れることなく「あれも、これも」と挑戦してきた成果です。**ひとつのことに固執(こしつ)をしていては、人に進歩はありません。**

【内定】——すみやかに入社許諾書を出した社員ほど、業績を挙げるのが早く出世も早い

内定をもらって、面倒だからと内定承諾書を出して就職活動をやめた人と、もっといい会社をと思って5つ以上内定を持つ人では、入社してからの出世のスピードが違う。同じ能力ならば、早い決定ができる人が結果を出して出世する。

いまでこそ武蔵野は新卒社員の定着率が非常に高い会社になりましたが、つい四半世紀前までは最悪でした。だいたい4〜5年以内に8割が辞めた。採用担当者の人件費や必要経費なども含めれば年間数千万円単位のコストを払って採用しているのに、こんなにすぐに辞められては甲斐がないぞ。そう思って観察してみると、ひとつ興味深いことがわかりました。それは**入社時、内定を多く貰っていた社員ほど早く辞めた**事実です。

それはたぶん、頭の中で思い描いていた社会人生活と現実とのギャップが原因と推測できます。「あれ、こんなはずじゃなかった……?」。それは、社会人なら誰もが感じることではあるが、なまじ内定を多く取っていた「成功体験」があると、つい「自分にとって相応しい職場は他にもあるはずだ」と考えてしまう。それで辞める。

最近ではもうひとつ、面白いこともわかってきました。内定を出してから入社承諾書を提出するまでの時間が短かった人(=武蔵野へ入社する決断が早かった人)、つまりすみ

やかに就職を決めた人ほど、入社後すぐに優秀な成績を挙げ、出世する傾向があります。本部長9名は、3日以内に承諾書を出しています。内定を出してから1時間後、承諾書に「とりあえず名前を書いて」と言われて書いた内定者は、現在、役員のKです。

私はよく言います。「即断即決しなさい」「軽はずみに着手・実行しなさい」。それでうまくいかないようなら「上司の助けを借りなさい」。それでも手柄はあなたのものになりますよ、と。「失敗したらどうしよう」と恐れていては行動を起こせない。行動を起こせなければ体験を積むこともできず、成長も遅くなる。

これと同じことが就職活動についても言えると思う。そりゃ就職は自分の一生を決める一大事。慎重になるのもわかる。いまは、就職先がどんな会社であるか、待遇は、社員満足度は、定着率は、といったことはインターネットを検索すればすぐに判明する時代です。だったら自分の中であらかじめ基準を設けておいて、それをクリアしている会社から内定を貰ったら即座に入社を決めればいい。

そういう**即断即決ができる人、フットワークの軽い人はわが社の社風によく適合する**。最近は内定者に必要以上の時間的な猶予(ゆうよ)を与えないようにしています。そのあたりの機微(きび)がわかっていなかった昔は「では3カ月以内に入社意志の有無をお知らせください」とやっていて、あれは本当に愚かだったなあと反省しきりです。

【良いことを聞いたら即実行】

──「即」の習慣はライバルに差をつける強力な武器

知っていることと出来ることは違います。知っていても、世の中には実行しない人がほとんどです。他人より早く実行すると一歩先んじます。実行は結果がついてくる。

たとえば「どこそこの地域を新規開拓しよう」なんて話をすると、なぜか急に得意げになって「ああ俺、あのへんに土地勘あるよ」とか「親しいお客様がいるよ」と言う人がいます。こっちが気にしているのは、土地勘があるとかお客様がお住まいということではなく、想定した通りにそのエリアを開拓できるかどうかなのに。

いや、悪気はもちろんないとは思います。多少の手がかりは持っている、だから開拓もできる、と言いたいのでしょう。でも、**できると「思う」ことと、実際に「できた」の間には、とてつもなく大きな開きがある。**

頭で考えると、どうしてもある種の先入観があり、対象を軽く見積もってしまいがちになる。それが「現場」とのギャップになってしまう。なぜならば現場は、常に不条理・不合理がまかり通る（言い換えれば、思考や想像の及びにくい）場であるからです。

「土地勘がある」「親しいお客様がいる」と頼もしげなことを言う社員が、その新しいエリアで実際にお客様を開拓できるかというと、ほとんどの場合できません。何度も述べているように、頭で考える「できるだろう」と実際に「できた」は大きく違うものです。困ったことにそういう社員は、ややもすれば現場にすら行かなくなる。

「どうせ新エリアなんだ、新規のお客様は獲得できない」「だったら既存のお客様で数字を稼ぐことにしよう」となりやすい。上司や社長がそう命じたのならともかく、一人で勝手にそう判断する。

つまり、社員として一番大切な「実行」すらおろそかにする。そして恐ろしいことに、世の中はそんな人たちで一杯です。自社にも、もちろんライバル会社にも。

ここにあなたの勝機があります。**同僚もライバルも実行を怠るから、あなたはいち早く実行に移せばいい**です。早く行動に移すと相手の機先を制することに他なりませんから、後々有利に戦えます。

小さなことを確実に行なう。簡単な計画で良いからつくる。やりもしないで「難しい」とか「無理だ」と言う人は、自分でそれをやったことがないので、できるかどうかわからないに過ぎない。やってみないとわからない。

ビジネスの場において**初動の早さは、大変なアドバンテージ**になります。かつて「いつ倒産してもおかしくない」と言われていた武蔵野が、それでもなんとか「耐える」ことができたのは、私が社員の手を引っ張り尻を叩いて、早く私の方針を実行させていたおかげです。

【どん底】——上手くいっていないときだから蒔くことができる。未来の種もある

最高に勉強できるとき。どん底のときでも、天はすべてを奪いません。また有頂天のときも、すべてを与えてはくれません。どのようなときでも、努力をすれば必ず道は見つかります。解決の答えは、お客様が教えてくれる。

志望校に落ちた。叶わぬ恋をした。勤めていた会社が突然倒産した……。どんな人にも、程度の差こそあれどん底に落ちた体験はあります。

どん底のまっただなかにあるときは身も世もない気持ちでいるでしょうが、実はそういう体験をしたのはとても幸運なことです。どん底体験を欠いたまま中年期以降を迎えるのは危うい。その年齢になれば社会ではそれなりのポジションを築いているわけでしょう。そこで挫折すれば当然失うものも大きくなるわけで、回復は難しくなります。そういう意味では、若くて体力があり、失うものもそう大きくはないうちに痛い目に遭い、乗り越える経験を蓄えておくことが大切です。

武蔵野は私の方針として、挫折体験のない人は新卒でも中途でも基本的に採用しません。落第したとか失恋したとか、とにかくなんでもいいから（大きければ大きいほど好ましいですが）挫折を味わっていること。これが採用の大前提です。だって、**やることなすこと**

順風満帆で挫折したことがない人なんて、好きになれないに決まっているじゃありませんか。私は、そんな人にはあまり近づきたくはないです。

「どん底」に話を戻せば、とかく低調にあるときは「こんなことはそう長くは続かない」と思って、とにかく悲観しないでいることが肝要です。トンネルは、常に真っ直ぐな道ではない。大きくカーブしていたりするものです。だから、いまはたまたま出口は見えていないだけど、もう少しだけ頑張れば陽の光が見えるところまで出られる。そう信じて進んでいくしかありません。

あなたの周囲の人は、あなたのためには頑張りません。「もうすぐ出口だよ」と教えてくれるとも限りません。そういうことは「しない」人のほうが正しいのだから、あなたはあなたのために、あなた自身で頑張るのです。私はよく言うが「天はすべてを奪いません」。努力をすれば必ず道は見つかります。

どん底にあるときは、ある意味でチャンスでもあります。それは、過去のしがらみを捨て、身軽になって力を蓄え、新たなことに挑戦する絶好の機会です。

組織なら「不採算事業から撤退する」という決断をするのは、業績が低調なときでないとなかなか難しいものです。上手くいっていないときだから変化ができる。未来の種を蒔くときです。

【パワハラ】――「常識」は急速に変わっている。部下とは親密なコミュニケーションを

ゆとり世代には受け入れられない。相手を思いやることが必要です。受けた人は忘れることができず、根に持つ。

「えっ？　○○くん、恋人できたの？　いいねえ、紹介してよ。今度の飲み会に連れておいでよ」。これ、今の世の中の基準ではセクハラ・パワハラの類に相当するものです。

それくらいなら「そういうことに敏感な時代になった」で納得もできるが、最近になって、さすがにどうか……、と驚くような事例を聞きました。それは、某社の社長の話ですが、あるとき部下にこう言ったそうです。「きみ、来年こそ課長になりたいと話してたよね」。「でも、いまのままだと課長にするにはちょっと勉強が足りないね」。「だから武蔵野のセミナーに行ってきなさい」。これに対して彼は「社長、それはパワハラです」と反論してきたのだとか。

社員が勉強して成長するのは、組織にとってはもとより本人にとっても「いいこと」なのは間違いがありません。そして社員を教育して一人前に育てることは、社長の大切な仕事、なんなら義務と言ってもいい。これがパワハラにあたるとは私にはにわかには信じがたいものがありますが、もしかしたらタイミングとか、その部下と社長との人間関係といっ

たものもあるのかもしれない。

私がずいぶん若くて血気盛んだったころは、部下を口頭で叱るのみならず、手が出たことも一度ならずあります。それが許される時代でもあったし、それでハラスメントを働いたと指弾されたかというと、そうはならない。なぜならば部下と私との間には、良好なコミュニケーションと信頼関係とがあったから。ハラスメントか、それとも潤滑剤かの境線はかなり曖昧で、「なにを言ったか」「なにをしたか」よりは、「誰が言ったか」「誰がしたか」に大きく依存します。良好なコミュニケーションや信頼関係があればそれはアドバイスですが、なければハラスメントになります。

同じことを言った・したにもかかわらず、A課長は笑いで済んでB次長は断罪される、それは正しいことかどうかはわからない。しかし現実問題としてそういうことが多々ある以上、特に管理職以上の職責にある者は、部下と自己開示シートを使ってサシ飲みを行い、良好なコミュニケーションを常に心がけることです。とりわけ、いわゆる「ゆとり世代」以降の若い社員は全体にストレス耐性が弱い傾向にあるのでなおさらです。

世の中の「常識」は常に変わっている。あなたが若かったころに通用していたことは、現在ではもうコンプライアンス違反になっているかもしれない。そしてそれに対して、「昔は問題なかったのに」と強く言っても無駄です。

【プライド】——会社経営、組織運営においては余計なもの。すぐ捨てる

他人を真似することに抵抗を感じても、プライドや嫉妬は捨て、自分より優れた人の存在をチャンスと考える。

武蔵野の業績がいい理由はごく簡単です。上巻106ページ、【政策勉強会】の項でも書いたが、**社長の私にプライドがないから**です。プライドがないから、知らないことは知らないと素直に言える。そして素直に教えを乞うことができる。プライドがないから、できないことはできないと素直に諦め、素直に外部に協力を仰ぐことができる。プライドがないから、他社の成功事例に素直に感銘を受けて、素直に真似することができる。

会社経営において、プライドは往々にして手かせ、足かせにしかならない。こうで「なくてはならない」、こうで「あらねばならない」なんてことにこだわっていると、業績は落ちていくばかりです。過去いろいろな経験をして、痛い目にも遭った人はみな知っています。**本当に大切なのはプライドを守ることではなく、組織を守ること、そこで働く人たちの生活を守ること**です。

会社経営は、芸術活動ではありません。芸術ならば盗んだり真似したりはご法度ですが、会社は（法律に抵触しないかぎり）程度の低い会社だと思われようが、最終的に**利益を出**

したほうが「勝ち」です。もっと言えば、利益を出せないほうがよほど「みっともない」です。このへんの機微が理解できていない経営者や経営幹部、管理職はとても多い。

私は、経営サポート事業部の業務を通じて、全国の中小企業の経営のお手伝いをしています。ときには現地におもむいて、「ここはこうしなさい」「ああしなさい」と直接指導することも多々ある。

それで、指導を受けた経営者は、素直に実行できる社長と、できない社長に分かれる。実行できないのはプライドが邪魔をするから。「さっき来たばかりの小山にいったいなにが判断できるんだ」と思って、「自社はもっといいやり方があるはず」と、余計な工夫やアレンジを加えてしまう。

するとどうなるか、業務改善は失敗するか、失敗はしないまでも大きく効果を減ずる。当たり前です。私は、自社はもとより、他社も実践した「最短で成果が出せるやりかた」をレクチャーしている。そこに自社なりの工夫を加えるのは、ノイズを混じらせることに他ならない。「小山がそう言うのなら、まあやってみよう」「それで駄目ならばすぐにやり直せばいいや」。プライドを捨てて、そう「正しく」考えられる・実行できる人が本当に優秀です。

【ゆとり世代】 ——若い世代の価値観に合わせて自社の体制を変えていくのが正しい

給料より自分の時間を重視している。

その昔、社員の価値観はこうでした。「給料がいいなら仕事は多少きつくても構わない」。残業も休日出勤も異動も、もちろん煩わしくはあったでしょうが、がんがん働いていた。ところが現在は——、具体的には、いわゆる「ゆとり世代」の若い人が社会に出始めた2010年ころから——、その価値観は180度変わりました。お金は「そこそこ」でいいからストレスなく働きたい、自分の時間を大切にしたい、と。

そこで私は経営計画書に**「有給消化率85％を達成する」**と記した。これは程なくして85％を実現した。さらに社長以下全社員を対象に「仕事をしてはいけない土曜日」を設けました。わが社のようなB2C型のビジネスをしている会社で週末に業務をしないのは難しいことですが、これもなんとか実現しました。と、このように労働時間の短縮に向けた取り組みを続けていたが、それはそれで別の問題も発生することになりました。

「別の問題」とはなにか。総体としては「お金はそこそこでいい」「自分の時間を大切にしたい」ではあるものの、かといってまったく残業しないのも手取りが減るので嫌だ……、という不満が出たのです。仕事は程々に、プライベートを大切にしたい社員も、やがて結婚して子どもが生まれてライフステージが変わると意識も変わってくる。「稼がなきゃ」という気になる。これを黙って見ているわけにもいかない。

そこで労働時間短縮の取り組みと並行して、給与テーブルを「若手有利」になるよう変更しました。もちろん、それでは幹部社員が不満を溜めるので、手当・賞与は上位グループに重くした。これで全体の基本給の底上げができ、さらに昇給しやすいようにもなりました。また社員が希望する場合は、週1日休日出勤（給料を支払う）を認めました。こうした施策によって、社員の「働きかた」に関する不満はかなり解消できたと思います。

ゆとり世代がどうこうとか、そんなの知ったことか。**武蔵野に入社したからには武蔵野の流儀に慣れてもらうぞ。そう言ってこその武蔵野流、小山流経営**ではないのか、と違和感を持ったでしょうか。

違います。「ゆとり世代」の社員は、好んでゆとり教育を受けたわけではない。ゆとり教育の結果としてハングリーさを欠くようになっても、それは社会が「そういう人間たれ」と要請した結果です。そうである以上は、会社側が寄り添っていくしかない。私はよく言います。「中小企業は、社会に変化をもたらすことはできない。社会の変化についていくことはできる」。人材の志向の変化に合わせて自社を変えていくことも同じです。

【ライバル対策】 ——ライバル会社は、必死になって情報を集めている

(一) 配布資料には機密保持を明示し、第3者への転用を防ぐ。
(二) 本部長会議にて、定期的にライバル会社を調査し、商品比較を行なう。

2000年度の日本経営品質賞を受賞したことを契機に、わが社にはひっきりなしに社内見学のご要望が寄せられるようになりました。あのどうしようもない落ちこぼれ集団が、なぜそんな大それた賞に輝くほどの改革をなし得たのか。その秘訣(ひけつ)を知りたい、というわけでした。私は、(これはもしかしたらビジネスになるかもしれない)と思い、翌2001年に経営サポート事業部を立ち上げました。当時はこの事業がこんなにも急速に拡大するとは夢にも思っていなかったので、配布資料の管理もいいかげんなものでした。

要するに無知だったのです。やがてとあるコンサルティング会社・A社が、どこからか入手したわが社の資料をそのまま流用してセミナーを開いている、との情報が寄せられました。すぐに調査をしたところ、A社のウェブサイトにわが社の資料がそのまま流用されていた。それで裁判を起こして勝訴もしたが、この手の裁判の大部分がそうであるように、雀の涙ほどの和解金を得ただけで終わりました。労力とはとても引き合わず、**かなり大きな、かつ不愉快な「勉強」になった。**

以降、わが社では配布資料の扱いには慎重にも慎重を期すようになりました。資料は、見た目はただのコピー用紙の束だとしても、著作物です。そこにはこれまでの大変な労力とコストが込められている。言うなれば会社の財産です。そう考えれば、おのずと扱いも違ってくるはずです。

(二)の「ライバル会社を調査」の話をします。

経営サポート事業部の会員企業B社は、製造業です。売上は700社からある会員企業の中でもトップクラス。この会社がライバル調査のためにどれだけのお金を使っているかというと、実に年間2000万円です。堅調な成長をもう何年も続けていて、それでもなお油断はせず必死になってライバル情報を集める。これは本当に素晴らしいことです。多くの社長は、**業績がいいとつい油断して、ライバル情報の収集を怠る**。するとどうなるかというと、近いうちに負けます。なぜならばライバルは必死になって情報を集めて戦いを挑んでくるから。

会社の業績が良くなければ、ライバル調査のためにコストをかけるわけにはいかなくなりますし、人材教育を行なうことも難しくなる。上り調子のときこそ慢心せず、戦いに備えておく必要がある。そのさい、なによりも大切になるのはやはり情報投資、そして人材投資です。

【横展開】――黙っていては絶対に実現しない。横展開「させる」仕組みが必要

他部門で成果が出ていることを、自部門にも取り入れて成果を上げる。

私はしばしば、「他社で、他部門でうまくいっていることは、なにも考えずにそのまま素直に真似しなさい」と言います。本書でも何度となく書いています。それは、この「なにも考えずにそのまま素直に真似」ができない人があまりにも多いから。「真似するのは恥」みたいな感覚がある。やる前に創意工夫を付け加えようとしてしまう。実はこれが、頑張っているにもかかわらず成果を上げられない最大の理由です。

なぜ？　もう何度目かの説明になりますが、**「大切なことは何度でも繰り返し教える」がモットー**です。改めてお話しましょう。うまくやっている会社なり部門なりというのは、最初からうまくやれるようになったわけではない。ああでもない、こうでもないと試行錯誤を繰り返しながら、ようやく最善手にたどりついている。そのやりかたに創意工夫を付け加えたら、試行錯誤まで行なうことになる。それは、修業が目的ならばともかく、経営においてははっきりと無駄です。

中小企業経営においては、だれかが頑張ってならしてくれた道を楽して歩いて、効率的に果実を採るのがいいです。

「他部門でうまくやっていることを真似する」のは一種の勉強です。つまり、面倒なことです。人は本性において保守的で、いままで慣れ親しんだやりかたを変えたくはないです。上巻60ページ【良い社長・悪い社長】の項でもお話したように、これを社員の自主性に任せていては絶対に駄目です。他部門でうまくやっていることを「見せる」「学ばせる」「真似させる」仕組みが必要になる。

わが社の仕組みのひとつは「バスウォッチング」です。バスを仕立てて、他部門の取り組みを見学に行く。私は65歳までは毎回自分で案内していたが、現在は本部長が当番制でバスガイドになり、「この部門はここが素晴らしい」「こういうところは努力目標」と解説します。見せて・解説しただけでは文字通り「馬耳東風」になるのがわが社の社員ですから、参加者全員に社長と上司に既定の数のレポートを提出させ、ひとつ実行することを宣言させている。各部署は自部署の「3推し」を発表します。バスウォッチングに参加している社員・パート・アルバイトは負けたくないと、すぐに真似を始めます。同じ部署の人が同じ体験をするから改善が速い。

横展開は、簡単な作業ではありません。同じことを繰り返し教育し、「質」より「量」を重視し、甘い基準で成果を出させ、レベルアップしたら褒める。このように手をかけないと人は決して成長しません。

【過去】——自分の人生をより良いものにするためには、過去を否定しないこと

すべて善です。時間が短く感じるときは、仕事がうまくいっているとき。逆に長く感じるときは、うまくいっていないときです。

あのとき、ああしておけばよかったな。こうしておけばまた違った人生だったろうな。そんなふうに過去を振り返って悔やむ。これは、人間ならばだれしも経験のあることだろうと思います。

身も蓋(ふた)もないことを言いますが、そんな悩みは無意味です。なぜなら、あのとき「ああしなかったから」「こうしなかったから」いまのあなたがあるからです。どんなこともすべて——、それこそ「しなかった」ことも含めてすべて——、**過去は現在のあなたの血となり肉となっている**。

ということは？　そうです。あなたが現在の自分のありようをそこそこ肯定できるのなら、過去はすべて善になる。

肯定できなければ？　考えを改めてください。どうせあなたは、当面は自分の才覚と労働、そして周囲のリソースを活用して生きていかなくてはならないのだから。自分が現在置かれている境遇を、損だ、過去の報(むく)いだなどと思ったらなにひとつ道は拓かれていかず、

これこそ本当の損です。

過去を悔いるのではなく、未来を考えて生きていく。そうすると過去の体験がすべて活きます。自分の人生をより良いものにするためには、過去を否定しないことです。

仕事が充実しているときは、時間が短く感じるでしょう。「えっ、もうこんなに経ったの？」と。過去もそれと同じで、充実していたときはあっという間に過ぎたように感じるものです。逆に、うまくいってなければだらだらと長かったように感じる。長いだけ印象にも強く残ります。つまり人間が**過去を振り返るとき、後悔が先に立つのは当たり前**といえば当たり前の話です。

だから、**過去の失敗にこだわらないことが大切**です。失敗はさっさと忘れ――、いや、貴重な成長機会になったのだと頭を切り替え、そしてうまくいったことは自分に都合よく考える。そういう姿勢があなたに成長を促（うなが）します。

私は「失敗の数なら日本一」と自信を持っていえる経営者です。過去、体験してきた失敗の中には致命傷に近いようなものもいくつもあり、そのリカバリーには大変なエネルギーを費（つい）やしました。ですがそれらの失敗は、いまでは私の貴重な財産になっている。

わが社が毎年増収増益を達成できるのも、様々な事業を展開して成功できるのも、すべては過去に膨大な失敗をしてきたことの賜物（たまもの）です。

【環境】——駄目なものは「なんとかする」ではなく「捨てる」、それで環境が変化する

初体験時の戸惑いも、その中にいることによって薄れ、自分自身に大きな変化を見いだすことができるようになる。

「人は環境の動物」と申します。どんなにやる気のある人でも、やる気のない集団に入ったら、いずれやる気がなくなります。逆に、やる気のない人も、やる気のある集団に入れば周囲に引っ張られてやる気になります。新規契約を取らないと帰れない集団に入ると自分も新規契約を取るようになるし、環境整備を熱心に行なっている集団に入れば自分も環境整備に精を出すようになります。

自己啓発書の類をよくお読みになるかたは、「自分を変えたいと思ったら、つきあう人を変えよ」みたいな記述を目にしたことが一度や二度はおありでしょう。それはまさにこのことを言っています。

人は、自分一人ではさらに高いところを目指すことができないものだが、**周囲に高いレベルの人がいれば少しずつ進化していきます**。

「水は低きに流れ、人は易きに流れる」の格言があるように、高いレベルの環境に入るのはなかなかしんどいです。戸惑いもあるし、プライドが踏みにじられることもあるでしょ

う。ですが、自分を良くしたい、自分の人生を充実したものにしたいと願うならば、断固として高いレベルの環境に足を踏み込まなくては駄目です。ぬるい環境でなんとかしようと思っても、状況は決して良くなりません。

先述した「つきあう人を変えよ」を私・小山昇流に言い換えると、「駄目なものは切り捨てよ」になります。駄目な友人ばかりで「朱に交われば赤くなる」状態なら、その友人とのつきあいを断つ。あるビジネスモデルが駄目になったら、別のビジネスモデルに移る。環境を変える上で一番大切なのは「駄目なものを切り捨てる」ことです。**「捨てる」ことが自分の環境を変える第一歩**です。

あなたがいまの生活に満足しておらず、その生活でなにも変えないで「もっといい暮らしがしたい」と願うのは虫が良すぎる考えです。借金があって首が回らないなら、一生懸命働いてお金を早く返して、借金をなくしてください。

どうやって？　簡単です、お金がかかることは全部やめる。酒も博打（ばくち）も夜の街に出かけるのもすべてやめて、働くだけ働く。そうすればいずれ借金はなくなり、余裕のある生活を取り戻すことができます。

駄目な環境があるなら、その「駄目なこと」を捨てていくことによって変化は起きます。これは企業も、個人も同じことです。

【経営】――意思決定の連続。攻めの経営はだれでもできるが、撤退はなかなかできない

環境適応業です。変わらなければ失敗する。意思決定の連続。攻めが80%、撤退が20%です。成功の経験と同様に、失敗の経験が数多く必要です。致命的にならない失敗の経験を若いときにすることは、特に重要です。

サービス業。製造業。物販業……。世には星の数ほど業種・業態があるように見えますが、それは「見えるような気がする」だけで、実は**たったひとつしかない。「環境適応業」です**。会社は、お客様が右に行ったら自社も右に行かなくてはならないし、社会が左に動けば自社も左に動かなくてはいけない。そうしなければあっという間に倒産してしまう。これは業種・業態を問わず、あらゆる会社が共通して抱える宿命であり、それゆえに私は「環境適応業」と言います。

社内で最も環境変化に敏感なのは、社長です。環境に適応すべく自社を変える決定をするのも社長。一方、「変える」ための具体的な作業を担(にな)うのは社員です。だから社員は、社長が「右に行く」と決めたらそれに合わせなくてはなりません。「左」と言ったらもちろん左。「嫌だ」「このままがいい」と言っても始まりません。市場が、お客様が変わり続けている以上、そうしなければ事業がうまくいかなくなります。

経営とは意思決定の連続です。「これ」を「どこ」に、「どのようにして」売るか。会社のリソースは「どこ」に、「どれだけ」注ぐか……。いわゆる「攻め」の経営はだれでもできる。しかし攻めた結果として失敗して、即座に撤退の決定ができる社長はそう多くはありません。社長は、止めることができて、ようやく一人前です。それはつまり、失敗をして、なおかつそれを失敗だとすばやく認知できることに他なりません。仮に10の課題・問題があるならば8が攻め、2が撤退になるのが健全です。

ただしこういうバランスを取るのは、やはり過去の失敗体験がないと難しい。人は失敗から多くを学ぶ。その蓄積（ちくせき）がなければ、進むか退（しりぞ）くかの判断はなかなかしづらいところはあると思う。わが社がいくたびか危機を迎えながらも倒産は免れ、今日あるのは、私が過去に大量の失敗をし、そこから様々なケーススタディや教訓を引き出して経営に応用してきたからです。

失敗は、社長の特権ではありません。むしろ若いときにこそ積極的に行動し、失敗体験を積まなくてはいけない。なんとなれば若いときの失敗なんてたかが知れているからです。つまりそれは簡単にリカバリーが利く。若いうちから小さい失敗をたくさんして環境の変化に対応できる視野を育てておく、これが大切です。

【残業】――若い社員は「金より余暇」。社長直属のプロジェクトとして減らしていく

いまの若い人が最も重視している。お金を稼ぐよりも休みが多いことを望む。ならば会社はいまの若い人に合わせる。時代は変わった。トップが減らすと決めれば減る。減らないのは社長の罪悪です。勤務時間を減らしても業績は下がらない。

かつて武蔵野の残業時間は、**社員一人あたり月平均76時間**。漆黒のブラック企業でした。「社員のだれもが」「毎日」「4時間近くも」残業していた計算になる。いやはや、酷いものです。ですが当時は「たくさん残業してたくさん稼ぎたい」という社員ばかりだったので、残業が多いことは問題ではありませんでした。ところが時代が変わり、そういう労働環境は次第に時流に合わなくなってきた。社員、**特に若い社員は、たくさんお金を稼ぐよりも余暇やプライベートが充実したほうがいいと思うようになった**。

会社もそれに合わせて状況を改善しなくてはいけない。そうしなければ獲得した人材が辞めてしまい、組織の弱体化を招くからです。【去る者は追いかける】の項（上巻202ページ）でも述べましたが、**これからの中小企業は「働いている人をなるべく減らさない」ことが肝心**です。

武蔵野は数年前から、社長直属のプロジェクトとして残業を減らす取り組みを始め、現

在の平均残業時間は月に10時間にまで圧縮することができました。残業ゼロを達成した部門も2つあります。まずは満足すべき成果と言えるが、次は「有給消化率85％」を目指し、いっそうの業務改善に努める方針です。**お金よりも私生活を充実させることに重きを置きたいのが当節の社員**ですから。

「有給消化率85％」は実現できるのでしょうか。できます。現に、私の知るA社は、有給消化率85％どころか、１００％を実現しています。

ことの始まりはこうでした。A社は今後積極的に人材採用を始めたい。私はA社長にアドバイスしました。「御社はまだ若くて知名度もまだまだだから、なにか強力な売りになるものがあると人材も集めやすくなる」「そうだ、有給消化率１００％を実現して、それをアピールしてみては」。

A社の社長は自社に戻るや号令のもと、有給消化率１００％への取り組みを進めました。そして1年ちょっとで本当に実現しました。こうしたことは、社長自らが陣頭指揮を執って進めたほうが成果が出やすいと思います。「労働時間は短くしたが業績も落ちた」ではお話にならないわけで、**働きかた改革に類することは業務の効率化やビジネスモデルの改善等と並行して実行しなくてはならない**。アナログな仕事はデジタル化して効率化をする。社長が率先して当たるべき事柄です。

【実行計画書】——「良いこと」をしてはいけない。「成果が出ること」をする

アセスメントでつくられた半年間の施策をいつでも見られるところに貼り出して毎月振り返りを行ない、決められた会議で報告する。良いことはやらない。成果が出ることをやる。成果を出すためには真似をする。

その昔、わが社は実行計画書をつくっても、なかなか成果を出すことができずにいました。私はいつも「どうしてだろう。こんなに良いことをしているのに」と頭を悩ませていたが、やがて理由に思い当たりました。それは、まさに「良いこと」ばかりをやろうとしていて、**「成果の出ること」をしていなかったから**です。

大学進学を目指すのはまぎれもなく「良いこと」です。しかし平均程度の学力しかない小学生が飛び級で受験したって意味はない。まして成果（＝合格）なんて到底おぼつかない。それと同じで、昔のわが社は自分の力量が見えておらず、到底なし得ないことを「良いこと」だからと思って取り組んでいた。当然のように失敗します。

このことに気づいてから、私はもう絶対に**「成果の出ること」しかやらないと決めました**。たまに管理職が「良いこと」をやる稟議を挙げてきます。私はそれを精査して「成果につながらないな」と判断したら、もう絶対に決裁しません。武蔵野は田舎の中小企業、

成果の見込みがないことを延々とやっていられるほどの余裕のある会社ではないです。

多くの社長・経営幹部、管理職が「成果が出ない」と言って嘆きます。そういう人が取り組んでいることを精査してみると、しばしば「成果の出ることをしていない」事実に気づきます。それは**成果が「出ない」のではなく、「出そうとしていない」**。

成果を出す上で一番手っとり早い方法は、他の部門・他の会社・業界で成果を出していることを真似することです。これに尽きる。東京の西のはずれに所在する武蔵野という落ちこぼれ集団が、環境整備によって高収益体制に変わったと聞けば、武蔵野の環境整備のやりかたを、なにも考えず素直に真似すればいい。

ところが多くの人は、この**「素直に真似する」ができない**。つい自分なりのアレンジを加えてしまう。実はそれこそが、成果が出ない・出せない一番の原因です。

なぜか。成果を出せている部門なり会社は、膨大な試行錯誤の末にようやくうまくいくやりかたにたどり着いている。だから、あなたの考える「アレンジ」はとっくに試している（そして失敗している）からです。つまり、他部門の、あるいは他社の成果が出ているやりかたにアレンジを加えるのは、失敗の歴史まで真似することに他ならない。それは、中小企業経営においては「無駄」です。

【条件】 ――揃う・整うのを待っていたらなにもできない。実行あるのみ

常に変わってくるものであって、固定されるべきものではない。人がつくっていくものであって、縛られるものではない。時間がたつとたえず変わってくる。

このことを手がけてみよう。この案件で成果を出そう。社会人ならばだれしも、いつも考える（考えるべき）ことです。

考えていても、なかなか実行できない。だから成果を出せない。これはよくあることと思いますが、それはいったいなぜでしょうか。ひとつはあれもこれもとできない「条件」を考えてしまうからです。社内の人材が足りないとか、資金が充分でないとかいった内面的なこともあれば、「ライバルはこのように動いているので、いま行動に移すのは得策ではない」といった外的要因もあるでしょう。

内的であれ外的であれ、**「条件」を理由に実行に移さないのは愚か**です。そもそもリソースに欠ける中小企業は、充分な条件が揃うことがむしろ稀（まれ）です。「あれができるまで」「これが整うまで」と考えていたらいつまでも行動はできないし、いざ行動を始めたときには社会や市場が変わっていて、必要な「条件」も変わっている（＝新たな条件が必要になっている）のが落ちです。

条件は常に変わっていきます。会社だって、市場の要請・お客様の欲求に従ってどんどん変わっていくから当然でしょう。それに対して「せっかくこの条件を整えたのに」とか「自分はこうでなくては嫌だ」と主張するのは間違いです。自分の思い通りやっても良いのは、自分のお金を使うときだけです。

話を「条件」に戻せば、それに縛られてはいけません。**条件は、人が設定したものに過ぎない**です。条件は、往々にして自分の「やらない」「やりたくない」理由が大半を占めています。

「旅行に行きたいな」と思う。そのとき、「子どもがまだ小さい」「お金も足りない」「仕事の休みが取れないだろう」と考えて、計画を進めるのを放棄してしまった経験はだれしもあるでしょう。これらは、「行きたくない条件」です。本気で行きたいと思ったら、子どもは親に頼むとか、資金なら貯金を取り崩すとか、なんなら借金で調達することもできる。あるいは祖父母にお金を貸してほしいと頼む。孫はかわいいから貸してくれます。有給は、いつでも・どんな理由でも自由に取得できるのは労働者の権利です。権利を行使すればいいいだけのことです。

人は、自分が本気でやりたいものについては、無理やりその条件を変えます。**条件とは、他人が決めているのではなく、自分の気持ちによって左右されています。**

【人生】――良くなるか悪くなるかは、すべて現在の仕事にかかっている

仕事の中に人生がある。仕事の選択によって人生が変わる。仕事のレベルアップによって人生が変わる。どこの会社を選択するかによって人生が変わる。自分の手でしか開けない。予告もなければ、リハーサルもない。だから初めて経験することであれば失敗する。何度か怪我をし、取り返しのつかない経験をして、自分の力で大きくなる。実行です。正しい判断がすべてです。

私は、就活生向けの会社説明会で、大学3年生、4年生の学生さんに話をする機会があります。そこで「もしあなたが中学生のころ、保護者のかたが病気等で働けなくなっていたら、あなたは大学に進学することができましたか？」と質問すると、大部分が「無理でした」「難しかったと思う」と、否定的な答えが返ってくる。

それはとりもなおさず、**保護者の仕事の中に彼・彼女の人生もあった**のだ、ということです。私は学生さんには、その事実を気づかせたくて、あえてそういう意地の悪い質問をしましたが、今は時代が変わって止めました。

よく「仕事は、人生の手段に過ぎない」みたいなことを言う人がいます。人生が主であって仕事は従、だから仕事に忙殺されてはいけない。「従」でしかないものに人生を搾取さ

れるべきではない、云々と。

いわんとしていることは理解できないでもない。なにせ私は、わが社の社員に対しては「家庭が一番、仕事は3番目か4番目」とか、女性社員には「一に子育て二に子育て、三・四がなくて五に子育て」とか教えているくらいですから。

ですが、「人生が主、仕事は従」みたいな物言いは、ややもすれば仕事の価値を軽んじてしまいかねないことを私は危惧(きぐ)します。

その人の人生が良くなるか悪くなるかは、ひとえにいま従事している仕事のいかんにかかっています。仕事がレベルアップしているのなら人生も上り調子だし、仕事が停滞しているのなら人生だって足踏みします。また「どこの会社を選ぶか」も非常に重要で、会社が業績悪化しているのならその人の人生も下り坂です。だってそうでしょう、生きていく上ではお金は常に必要だし、そしてまず大部分の人にとってお金は仕事によって稼ぐしかないからです。そしてこのことは、先に挙げた大学の例もそうですが、本人のみならずその家族にも甚大(じんだい)な影響を及ぼします。

人生とは、仕事そのものである。仕事の中にこそ人生はある。100年後、この価値観はどう変わっているかはわかりません。ですが現状はそう考え、それに基づいて行動していくことが、あなた(とその家族)の人生を薔薇(ばら)色にします。

【全員経営】——社員が育ち、組織としてある程度成熟したのちに実現できる

経営への参画は、アセスメントで発言させ「決定実現の方策」に参加させることです。

会社の施策を決めるときは、まず大抵の場合で社長〜部長職以上の職責で合議をする。一般社員は関与できないのが普通の会社です。

それはもったいないことです。なぜなら、現場の最前線でお客様と直に接しているのは一般社員です。**一般社員が真に経営に役立つ情報を持っているから、それをきちんと吸い上げて施策に反映させる。**

「下から情報を吸い上げる体制ができる」までは、時間がかかりました。基礎となった取り組みは、懇親会で社長に質問をさせる。このことによって社長や幹部に発言できる環境をつくったことです。**本当に有用な情報は、しばしば「情報の形」にならないことがある。**

某月某日、お客様に「ありがとう」と言われた。そのこと自体は「情報」としてキャッチはできるが、大切なのは、そのときのお客様の表情や声色はどうだったか、どんなタイミングでお誉めいただいたのか。前回の「ありがとう」と比べてどう変化したかといった非言語的な、人の表情や声の調子など五感によって捉(とら)えることのできる情報は、やはり直でお客様と接している一般社員でないと認識できません。

もうひとつ、「組織が未成熟のうちは、トップダウン型の経営が正しい」「人材が成長してきたらボトムアップに移行するのはもっと正しい」。

人材が育っていないときは、独断専行でやらざるを得ない。とはいえ社長の身体はひとつです。人材がある程度育ったら業務上の権限を少しずつ渡していったほうがいい。**全員経営を実現するためには、組織的成熟が必要になります**。

武蔵野がボトムアップ型に移行できたのは、2003年のことでした。私が社長に就任したのが1987年ですから、15年かかってどうにかここまで改善できました。

いまわが社は、社員はもとよりパート・アルバイトまでもがアセスメントに参加し、過去の実行計画の振り返り作業を行います。従来の計画を続行するのか、それとも新しいことをやるのかを協議、検討します。各事業所が作成した実行計画は本部長のチェックを経て、最終的に私が承認していたが、役員、本部長が育ち、承認の権限は下に降ろしています。

2003年までのわが社は小山昇という超強力な機関車が1台で全客車を引っ張っていた。それ以降は客車の一両一両にモーターがついた。いまわが社で、私が率先してやることは少ない。社員が考えて動いています。

【体質改善】

――理想に向かって人事異動を断行する。組織が生き返り惰性(だせい)が一新される

組織の手術です。人を動かさなければ体質改善はできない。少なくとも組織員50%以上の人のポジションを替えなければなにも変わりません。抽象的な言葉で体質が改善されることはない。方法を明示して、実行する。

中小企業は、なかなか人事異動をしないです。異動するポジションがないとか、異動先でゼロから仕事を教えるリソースがないとか、理由はいろいろあるが、あまり感心できないことです。なぜなら**人事異動は、日常業務の繰り返しの中で溜まっていったムリ・ムダ・ムラを一掃する絶好の機会**です。

わが社は、頻繁に人事異動をします。それも、昨日まで営業だった人が総務に、コールセンター勤務が営業部とダイナミックかつ唐突です。事前の内示や根回しはほとんどないです。病欠や長期休暇中だと「異動の辞令が下されたことを部下から知らされた」と自嘲(じちょう)する管理職も珍しくない。

中小企業が人事異動をあまりやらないのは、「同じ人にずっと担当させていたほうが圧倒的に楽」だからです。経理や法務などは専門的な知識も必要で、営業はお客様との間に築いた信頼関係やコネクションがものをいう面も確かにある。人事異動はこうしたことを

ゼロベースから再構築することで、確かに面倒だと思います。

ですが、「面倒」と手つかずにしておくことはとても危険です。まずもって、一人の社員に同じ仕事を任せると「仕事の属人化」を招く。優秀な営業担当者がいて、彼に同じ仕事をさせていたらどうでしょう。彼が在職しているうちは売上も確保できる。しかし彼が辞めたら？　とたんに立ち行かなくなってしまう。

一人にずっと同じ仕事を任せるもうひとつの問題は、業務がブラックボックス化することです。「この仕事は○○さんしかできない」。それが長く続けば、だれも彼の仕事をチェックできなくなる。経理のようにお金を扱う業務だと、不正の温床にもなる。**水と人は、動かさないと腐ります**。

わが社は、確かに人事異動して多少の混乱はある。それはしょせん「数日」のことです。業績は落ちたとき、管理部門の本部長以上４人を営業に移し、全員営業に切り替えました。組織がフレッシュで躍動的になり、業績が向上した。頻繁な人事異動によって業務の高度なマニュアル化・非属人化が実現して、人が育ち、業績は大きく上向きます。人が変わることによって体質改善が実現し、古い業務のやりかたが一新されます。

【大人】 ──成長すると素直さがなくなる。中途半端な自分に気づいて脱皮する

夢よりお金を大切にする。自分の頭で考えて行動する。子どもは言われたことしかできないが、言われたこともできない大人を「中途半端な人」という。

「大人」という言葉は、文脈によっていい意味でも悪い意味でも用いられますが、私は後者、悪い意味で使うことが多いです。

「大人」のなにがよろしくないのか。「さめた」人間性になってしまうのがよくない。もちろんそれは、一面では「現実的に考えられるようになった」ことでもあるのですが、だとしても程度の問題です。入社して間もない社員だと、なにかにつけ金、金という態度をとるタイプの人がいます。自分は多少損をすることはあっても、友との友情や仲間との連帯を大事にするのが人間性だと私は思いますが、そういう価値観を持ってもらうためには多大な手間と長い時間が必要です。

……と、あれ？　こんな声が聞こえてきました。「小山はいつも『社員のやる気は金で買え』と言ってるじゃないか。矛盾してるぞ」。もちろん、お金は、非常に大きなモチベーションになるものです。だからわが社も信賞必罰（しんしょうひつばつ）の方針を徹底して、社員を仕事に駆り立てています。しかし一方でわが社は、期首面談では必ず「3年後、5年後の自分はどう

なりたいか」を訊き、上司と部下とで目標統合している。内容はなんでも構いません。「課長になりたい」でもいいし、「結婚したい」でもいい。つまりこれが「夢」です。わが社は、社員にお金をちらつかせる一方で夢を語らせ、夢を共有している。

「課長になりたい」はともかく、「結婚したい」は仕事とは関係ないじゃないか。そんなものが夢でいいのか。もちろん構いません。結婚生活を充実したものにするにはお金が必要で、それは「仕事で業績を出さなくてはいけない」に行き着きます。

人は、お金で動くとしても、お金「だけ」で行動する・させると絶対にうまくいきません。どうしたって夢が必要です。夢を持って行動する人と、夢がなくて行動をしている人とでは、半年後・1年後に大きな差が開きます。

もうひとつ「大人」が良くないのは、頭が固くなることです。中途半端な経験が邪魔をして、指示されたことが素直にできない。素直になれない。どんどん頑固になる……。子どもは親から教えられたことを、教えられたとおりに素直にしますが、やがて成長して自分のことができるようになると素直ではなくなります。素直さが失われ、自分の考えややりかたにこだわって、変化を嫌うと「中途半端な」大人になる。大切なのは、中途半端な大人になった自分に気づいて、そこから脱皮することです。

【反対】――人間は保守的。仕事のやりかたを変わることには常に強い抵抗がある

IT化・業務改革で賛成されたことは一度もない。反対は、知らないからと面倒だからです。数カ月たって「元に戻して」の声はない。

わが社は全社員に2011年にiPhoneとiPadを支給しています。通話料・通信料も会社持ち。かつて、この施策を会議で明らかにしたとき、強い反対を受けました。全員が「お金がもったいない」。

当時の幹部は目先のことしか見ていなかった。高機能な情報端末があれば仕事は大いに効率化する。残業が減る。月々の通信料は5000円かかる。そんなの、わずか4時間ほど残業が減ればペイするじゃないですか。導入費用は当時1億円以上とそれなりにかかっても、それによって業務が効率化することを勘案すれば、実質的な償却は2年以内で終わり、あとは使えば使うほど「得」をすることになる。

いまはわが社の幹部も充分に理解して涼しい顔をしてiPhoneとiPadを駆使して、パソコンに埃(ほこり)をかぶらせて、日々仕事をしています。「あんなに反対してたじゃないか」と皮肉のひとつも言いたくなるが、人間は元来保守的なもので、これまで慣れ親しんできた仕事のやりかたが変わることには強い抵抗があります。

嫌々ながらも新しい環境に触れ、それに慣れたら、もう「元に戻せ」とは言わなくなる。圧倒的に便利で快適と知るからです。

iPhone、iPadなど、新しい情報端末を導入する（そして成功させる）ためには、いくつかコツがあります。ひとつは、「全員、一斉に持たせる」ことです（テスト導入をしてはいけないわけではありません）。それこそ「コストがかかるから」といって、部長職以上の社員だけに持たせたらどうなるか。

言うまでもありませんね、部長未満の社員の情報の流れが滞ります。これはＩＴ化のセオリーのようなものですが、情報武装が「できていない」ところが全体の足を引っ張ります。端末が支給された部長職以上の社員もその効果を感じられずに終わってしまう……。**「これはいい」「使える」と判断したら、ケチケチせずに一斉に導入するのがいい**ので、当時８００人以上に導入した。それが「安物買いの銭失い」にならない秘訣（ひけつ）です。

もうひとつは、**情報端末の私用での使用を奨励すること**です。業務とは関係ないサイトを閲覧してもいいし、子どもの動画を撮ってもいいし、好きなゲームに興じてもいい。そうやって私用で――、公私混同でどんどん使わせるとスキルは向上します。私は「私用で使えないツールは仕事でも使えない」と確信を持っています。

【変革】——組織に体力があるときから準備しておかないと変革はできない

組織を変えることです。人は組織に存在する以上、組織を存続させようとする。そのため不要な仕事をつくる。変革への一番の近道は、人を代えることです。その部門について知らない人のほうがよい。過去を知っていると、人間的なしがらみや情がからみ、変えることをためらう。

激変する社会環境に合わせ、企業活動も変革の必要があると言われます。でも「変革」とは、具体的にはいったいなにをすればいいのか?

端的に申しましょう、**「人を代える」**ことです。昨日の営業部長が今日の人事部長に、今日の人事部長が明日の製造部長にという具合に、混乱を怖れずドラスティックに人を代えることです。そうしなければ状況はなにも変わりません。なぜならば人間は本質的に怠け者で保守的です。「このことをしなさい」「このように変わりなさい」と指示されても、「はい」と返事はして実際はなにもしない・変わろうとはしない、それが人間です。

会社は、製造部門と営業部門の仲が悪いことはよくあります。製造部門が「俺たちが汗水流してつくっているのに」と不満を溜めれば、営業部門は「なに言ってやがる、汗水垂らして売っているのは俺たちだ」と反発する……。駄目な社長は「困ったなあ」と思いつつもなにもしない。私ならば「工場長と営業部長とを取り替え」ます。工場長は管理職（＝実際に製造ライン入っていない）、営業部長も同様（＝実際に売り歩いていない）です。であれば、2人を取り替えたところで製造は止まらないし売上も落ちません。なにも困ることはない。しかもそれで両者はすぐに仲良くなります。

「人を代えなさい」とアドバイスしても（そのアドバイスが妥当と理解できていても）、及び腰になる社長がいます。「いや、それはちょっと難しい」といって、大規模な異動に踏み切ることができない。

なぜできないのだと思いますか？　一番の理由は、社長と会社にパワーがないからです。**売上が下がっていたり、成長が停滞している会社は人事異動ができません**。大抵の会社は、人事異動をして混乱が避けられず、多少の機会損失が発生するからです。逆に、売上が伸びている会社は頻繁な人事異動が必要条件です。急増する売上に対応すべく営業所を増やすからです。

ここからひとつの結論が導き出せます。**変革しようと思ったら、会社の調子がいいときに準備をしておかなくてはならない**、と。

第七章

販路が拡がる言葉

【企画】——現実・現場を細かい点まで知って良質な立案ができる

競争に勝つ根源です。良い企画を生み出すには、お客様をよく観察することと、お客様が次になにを欲しいと思っているかをよく考え、予測することに尽きる。

人材募集広告を出すさい、キャッチコピーに「企画要員募集」「プランナー募集」と出すと、たくさんの応募が集まります。それはたぶん「企画」「プラン」の言葉にはどことなくクリエイティブな雰囲気があって、お洒落で先進的に感じられるからでしょう。都心のインテリジェントビルで、自分のセンスひとつで頭脳労働の極みのように華麗に仕事をする——、とでもいうような。

しかし、はっきり言ってしまうと、**泥臭く物を売った経験のない人には優れた企画は出せません**。ましてプランも立案できません。当たり前でしょう、どうしたら売れるか、どうしたら受けるかのノウハウがないから。こんな簡単なことがみんなわかっていません。

世の中のことが理解できていない就活生や新入社員が「企画部に入りたい」と思うのはまだしもご愛嬌ですが、入社数年も経ってまだ業績も挙げていない人が同じことを言っていたら笑いものです。「売れる」企画を立てるためには、「たくさん売った」経験が不可欠です。

では「たくさん売った」経験さえあればいいのか、それも微妙に違う。大切なのは、**お客様をどれだけ観察していたか、**です。

そのお客様は、どういうときに、どういうふうにしてお買い上げになったのか。現金だったのか、クレジットカードだったのか。お一人だったか、お連れ様がいらしたか。服装は。季節は。天気は。別の商品やサービスと比較はしていなかったか。ご購入の最終的な決め手になったものはなにか。見ておくべきポイントは山のようにある。こういうことをたくさん体験・経験している人が企画やプランニングには最適です。

企画部門はこういう人を中心に据えて、ヒアリングをしたり仮説を立てて計画を立案・実行。その結果をアセスメントして新たな計画の立案をするところです。あれっ？　思ったほど華やかでもなく、けっこう泥くさく面倒な作業の積み上げです。

でも、そんなものです。「企画」は、お客様の求めていることを正確に知ること。知って、その**欲求にお応えする・実現する、それが企画の本質です。**お客様の欲求を実現するのが企画です。頭だけであれこれ考えることが企画では断じてありません。

最高の企画は、ラフな企画をお客様に提案して叱られる、そして、お客様から教えられたことをプランニングし直して再度提出する。このキャッチボールを何回もやると、お客様が欲しい企画が可視化され、企画をお客様は断ることはできません。マルコポーロで、オリジナリティー・事業創造・挑戦心の3つの能力が優れていることが絶対条件です。

【技術革新】——新技術は常に、既存のマーケットを食いつぶして革新を果たしていく

まったく新しいもののようでも、よく考えてみれば、いままでにあったマーケットを奪ったり、置き換えたものです。例：真空管→半導体、レコード→音楽テープ→CD→MD

技術革新は、ややもすれば「先進的な技術を開発することだろう」と思われがちですが、違います。大学や巨大企業の研究室のようなところはともかくとしても、われわれの身の丈レベルならばそれは、社会にインパクトを与えるものではない。**いまあるマーケットを新技術やツールを使い、ライバルのお客様を奪い取っていくのが技術革新です**。

レコードを初めて世に送り出したのは、米国の発明王・エジソンです。あれほど発展したのは、「楽団の生演奏」というマーケットを奪い取ったからです。新しい技術は常に、どこかのマーケットに棲みつき、それを食いつぶして革新を果たしていきます。

やがて音楽テープが登場すると、あっという間にレコードは廃れました。「塩化ビニールのアナログ盤」の傷つきやすく、音が飛ぶ点を音楽テープは、改善した。CD、CDプレーヤーの出現により、音楽は、持ち歩くものとして変化していきました。次に、CDと同じ記録・読み取り方式で、記録時間が長く、映像も残せるDVDが出現。そのDVDも、いまやネットワークオーディオにほぼ追い払われました。いまは栄えて勢いがあっても、

必ず衰えるときがきます。

いま70～80歳の人は、CDは普通に扱えるでしょう。CDから音楽をリッピングして、楽曲をPCで管理するのは相当にハードルが高いです。ましてインターネット上の各種配信サービスと契約して、サブスクリプション（定額制）で音楽を楽しむことができる人は、ごくごく少数ではないでしょうか。

ということは？ そうです。ご高齢のお客様にシリコンオーディオ（いわゆるiPodなど）を売ってはいけないし、SpotifyやGoogle musicなどの配信サービスをご案内してもいけない。CD以外はお買い上げくださらないから、CDを売らなくてはいけない。このことを、前述した「いまあるマーケットを奪い取っていくものでなければ、技術革新とは言えない」と重ねると、興味深いです。

新しい技術がある。形にすることもできる。しかしそれをそのまま出してはいけない。**どのマーケットを食いつぶすかを事前によく考え、そこに投入する。**ターゲットが明確でなければ、新技術も活きません。そのマーケットが飽和したら？ 言うまでもない。次の、似たようなマーケットに狙いを定め、そこを攻めていきます。

世に有用な技術や革新的な発明は、星の数ほどもある。それが社会になかなかインパクトを与えられずにいるのは、「どのマーケットを奪うか」という戦略がないためです。

【販売の方法】

——自社に適した売りかたをしないとお金も人員も無駄になる

(一) 店頭、(二) 訪問、(三) 媒体、(四) 配置、(五) 展示の五つです。金をかけて手間をかけないものは駄目。金をかけずに手間をかけるのが本当の姿です。

これほど様々なビジネスモデルが生まれて、販売チャネルも増えてなお、基本的な販売の方法はリードに記した五つしかありません。具体的に書くと、(一) 店頭：スーパーマーケットなど。(二) 訪問：ダスキンの代理店など。(三) 媒体：TVショッピングなど。(四) 配置：置き薬など。(五) 展示：住宅や車など、です。

大切なのは、**自社はどの売りかたが一番適しているかを考える**ことです。店頭販売なのか、訪問販売がいいのか。それを判断するのは「現在はどの販売方法で業績を上げているか」です。販売方法ごとの粗利益額を比較してください。一番高いものが一番適した (可能性が高い) 売りかたです。それが訪問販売なら、そこに「媒体 (メディア)」を付加したら業績は伸びるのか、と検証してみることです。

そこで陥りやすい間違いは、ついTV広告を選択してしまうことです。電波に自社の商品・サービスを乗せて広報すれば売れると思いがちですが、シェアの小さい会社がいくらTV広告を打ったところで売れません。TV広告を見たお客様が、「どこで買ったらいいか」がわからないからです。TV広告はシェアがナンバーワンか、あるいはマーケットが大きい会社でなければ、積極的に行っても経費だけが増大します。

また訪問販売も、大きな会社と小さな会社では手法が違います。新しい、小さな会社は、辺境の地や、ライバルもあまり開拓していない地域を対象にします。そこで実力をつけてから都会に攻めていくのが基本です。このように、市場における自社の位置づけによって販売方法も変わってくる。ですから、個別対応が絶対に必要です。

どの販売方法を選ぶにしても、絶対にやってはいけないことがあります。それは、お金だけかけて手間をかけないこと。大量の広告は打つけれどコールセンターの人員は補強しないと売れ損じが続出します。ダスキン事業は、1回のお客様訪問で契約が取れるとは始めから期待していないので、手を変え品を変えて5回、6回と訪問する。この**訪問回数を重ねることがすなわち「手間をかける」です**。わが社の営業戦略は「徹底して訪問回数を増やし、お客様との接触回数を確保して、新しいお客様を開拓する」ことです。

現在のお客様を維持したまま売上を伸ばすことを「膨張」と言います。これはすばらしく思われがちですが、ダスキンの代理店業務のような薄利多売のビジネスモデルでは顧客単価を上げず、顧客件数を増やすことが正しい販売方法です。**契約件数を多くすれば、その中に将来の優良顧客になってくださるお客様はいらっしゃいます**。

【部長】――新商品の投入、新規開拓、人を育てる

新たな稼ぎをつくる人です。課長は決められたことで成果を出す。

数年前のことです。Sという社員が優秀な成績を上げ、課長から部長へと昇進しました。Sは部長に就任するや巧みなマネジメント能力を発揮して部門を率い、1年目から満足する業績を出しました。

その期の評価面談時、私はSに訊きました。「今期の自己評価はどうですか?」。Sは自信満々に答えました。「Aです」。それはそう言うでしょう、数字的には申し分ないから。しかし私の評価は「残念だけどSくん、きみはC評価だよ」。Sは不服そうな顔をしましたが、私は経営計画書を取り出して説明しました。「きみは、従来の課長のやり方で成果を出しただけだ」「それが評価されるのは課長まで。部長になったら**新たな稼ぎを創造しなくては評価の対象にならない**」。

わが社の「幹部に関する方針」は、経営計画書に明記しています。経営計画書を持ち出されてはSも黙らざるを得ませんでした。

「新たな稼ぎをつくる」は、大変な困難に思われるかもしれません。新規事業を立ち上げて、メンバーに指示して、プロジェクトを成功に導いて……、そういうことを連想すれば

確かに大変でしょう。しかし私が求めているのは、そんな大それたことではない。現状ある仕事にひと工夫を加えるだけで「新たな稼ぎ」はいくらでもつくることができる。そのことを、部長に昇進した人に理解してもらいたい。

業務改善を行なう「経費削減」がそうです。長くひとつ仕事をやっていると、どうしても緊張感がなくなり、規律が緩んでくる。業務工程上に無駄が発生してしまう。これを一新して効率化すれば、それは立派な「新たな稼ぎをつくる」になります。

かつてわが社のセミナーでは、お昼の休憩時になると弁当を受講者に配布していました。わが社として昼食代を惜しむのではない。ただ、弁当を配布するのは意外に手間がかかるものです。受講者に注文を聞いて回らなくてはならないし、片づけも必要で、誤発注もある。これらはすべてコストとなってわが社の利益を圧迫します。

そこでやりかたを改めました。受講者には２０００～３０００円をお渡しして、「これでお好きなものをお召し上がりください」。わが社にとっては手間が一切なくなる。また受講者にしてみれば、食事の選択の幅は増えるし、気分転換にもなるしでWin-Winです。

セミナーで弁当を配布するのは無駄が多いことに**「気づき」、改善策を「立案」し、「実行」する。それができる人材が部長の職にふさわしい**です。

【夢に数字を入れる】

――結婚式の日程を決める。いろいろなことが動き出す

勘や経験だけに頼ると、勝手な思い込みが生まれる。特に若いときの勘や経験ほどあてにならないものはない。それよりも数字をもとに行動を決めた方が、ずっと信頼できます。

よく「○○さんは勘が鋭い」なんて言いかたをしますね。でも、そもそも「勘」とはいったいなんだと思いますか?

ごく一部の天才は別として、われわれ一般人にとってはこうです。「最適解と思われることを、過去の経験の中から無意識に引っ張り出してくること」。無意識にやっているから「勘」と呼ぶに過ぎないのであって、筋道を立てて考えて結論を出せば、それは普通に「論理的思考」です。両者に大きな差があるわけではない。

勘と論理、どちらにせよ過去の経験がベースになっているから、特に若い、つまりは**経験の浅い社員の勘など絶対にあてにしてはいけません**。本当の意味での**「神のお告げ」などは、普通の人にはまず降りてきません**。

勘では物事はうまく運ばない。ではどうしたらいいのか。大切なのは、数字を見て考えることです。今期の賞与はこれくらいほしいとか、3年後には課長職にはなっていたいとか。このように「夢に数字を入れる」ことによって逆算ができるようになる。逆算ができ

れば自動的に「いまやるべきこと」も明らかになる。

数字で考える習慣は、日々の心がけによって身につけることができます。とにかく目に入るものを数字と結びつけていきます。建設中のマンションがある。あなたはそこで「高さはどれくらいあるのだろう」と連想してみる。すると、「15階建てだな」「１フロアの高さが3メートルとして」と計算できる。あるいはまた、「１フロアに8戸ある」「１棟で１２０戸だ」「土地相場からして分譲価格は〇〇〇〇万円くらい」「入居世帯の収入は」なんてことも連想できるでしょう。

それがどうした、と思わないでください。世のほとんどの物事は数字を元に動いている。だから**数字に対する繊細（せんさい）さを養い育てておくことは、仕事を進めていく上でも有利に働きます**。私は、ダスキンの営業担当者だったころから、一見自分の業務とは関係ないことでも常に数字と結びつけて考える習慣を身につけていました。その結果、私は優れた業績を上げ、だれよりも早い昇進を果たした。もし私があてずっぽうに「勘」で営業活動をしていたら、決してそんなことにはならなかったです。

上手くいっていることには、上手くいっているだけの理由があります。それを見つけ出して横展開していくことが組織には求められるのは当然ですが、そこで必要になるのは、過去の数字を論理的に洗っていく地道な作業です。勘ではありません。

【戦いに勝つ】――これはと見込んだお客様には利益度外視で入り込むのが正しい

狙った物件は、お客様の予算に合わせて無理をしてでも受注する。あとから逆算して利益を出せば良い。定番商品以外の物は、お客様がアッと驚く価格でよい。

「物件」という表現はやや誤解を招くかもしれません。わかりやすく書くとこういうことです。「これは、と見込んだお客様がいたら、なんとしても受注を取りなさい」。

以前、経営者のかたからこんな相談を受けました。「契約を取りたいお客様がいるが、『価格が合わない』と言われ、なかなか契約にこぎつけないです」。私はこうアドバイスしました。「価格が合う・合わないではなく、そのお客様に入り込むことが先決ですよ」と。

まずは契約を取って、そのお客様に「入る」ことが大切。価格を軽んじていいということではありませんが、優先事項としては2番目です。

ダストコントロール業界は、この「入る」「入られる」が毎日のように発生する、厳しい戦場です。わが社のライバルが（あるいはわが社が）どうしているかお話ししましょう。

まず、需要の高い（そして価格も安い）足ふきマットを原価すれすれで出す。足ふきマットは、どのブランドでも性能はおおむね同じです。それはお客様もよくご存知なので「安いに越したことはない」と乗り換える。こうしてお客様のところに入り込み、次にモップのご提案をします。理由は言うまでもないでしょう、マットだけでは利益が出にくいからです。

こうして商品にご満足をいただくと、次は空気清浄機、浄水器、ウォーターサーバーの見積もりを出します（「モニター」と称して無料で使っていただく期間も設けます）。いっぺんに「あれも、これも」と出すと拒絶されるが、徐々にであればお客様も馴染んできて、抵抗も少なくなる。こうしてトータルでは利益を得る。いわゆる「アップセリング」「クロスセリング」です。まずは赤字にならない価格で安く売り、次第に高い商品・関連する商品を売って利益を確保する。

新規のお客様と取引を始めるときは、全商品を売る必要はありません。基準となる商品を売り込み、結果が良ければ他商品で通常の見積もりを出せばいいです。

わが社は業務上、数十台の営業車を保有しています。当初は私もだいぶ自動車販売店の示す価格を厳しく査定したが、いまは価格交渉はほぼなしで新車を買っている……、いや買わされています。担当者が変われば、どこの会社も甘くなります。

見込んだお客様への第1歩は、なんとしても「入る」ことです。採算が合う・合わないは、お客様ができてから・ある程度の損益分岐点に戻すことを考える。損益分岐点までは高いも安いも関係なく働かなければなりません。

【ロープレ】──ぶっつけ本番で舞台の幕があがることはない。営業活動もそれと同じ

お客様に簡潔にプレゼンする秘訣。営業シナリオとセットです。訪問時のシナリオを活用して定期的に行なう。繰り返し行なう。ロープレ分担表を作成し、スケジュールを明示して習慣化していく。

「ロープレ」とは「ロールプレイング」の略、直訳すれば「役割を演ずる」の意味になります。

わが社のような営業主体の会社は、**ロープレは必須の訓練**です。お客様にどのようにご説明を差し上げるのか。どういう質問が想定されるのか。それに対していったいなんとお答えするのか……。こうしたことを台本（＝営業シナリオ）に起こして、スタッフはそれぞれ営業担当者役・お客様役（＝ロール）に分かれ、実際に演じて（＝プレイング）みる。時に役割を入れ替え、職責上位者のアドバイスを聞いて、何度も何度もロープレを繰り返す。すると次第に、物腰とか正しい受け答えとか、商品知識とか、営業担当者として望ましい資質が血肉となってくる。

このあたりの微妙なポイントがわからない人には、ロープレはいささか馬鹿馬鹿しく、おかしなものに思えるかもしれません。なにしろ大の大人が必死になって学芸会の練習を

やっているように見えるからです。

でも、映画や芝居を想像してみてください。どちらも、台本だけ渡してぶっつけ本番、ということはまずありません。入念なリハーサルや稽古を積み重ねる。それでようやく「作品」となり、お客様の目に触れさせることができる。

企業の営業活動はそれと同じです。商品やサービスのご説明に不足はないか、身だしなみはきちんとしているか、敬語・丁寧語は正しく使えているか……、こうしたさまざまなことをきちんとチェックしてようやく営業担当者を一人前にすることができる。ロープレは、その一環として行なうものです。

「ロープレ」というと、ちょっと小才のある人はこう思います。「そんなこと、わざわざやらなくてもちゃんと心得てるよ」。ところが**「心得ている」ことと、心得ていることが「確実にできる」こととは月とスッポン、天と地ほどの違いがある**。よほどのエリートならばともかくとして、まず大部分の凡人は「実行」がないと理解ができません。逆に言えば「実行」という肉体的な所作をともなって初めて学んだことが身につき、「確実にできる」ようになる。

学んだことがきちんと実行できるようになった状態を「理解」と呼びます。理解の最高峰、究極の理解とはなにか——、先生の役（ロール）ができるようになることです。

【営業スキル】――営業は「頭」。頑張るだけで契約が取れるのなら苦労はない

お客様に理解していただき、契約まで導く能力です。データ収集を基にした仮説検証を繰り返して身につくものです。

営業は「足」だ。足で稼いでくるものなんだ。そんな主張はいまも幅を利かせているようですが、正直「なんだかなあ」と思います。

「足で稼いでくる」は、言ってみれば「下手な鉄砲も数撃ちゃ当たる」みたいな考えに基づく、一種の根性論です。私は根性論を必ずしも否定しませんが、そんなやりかたをしていたら売上が上がる前に人員が心身ともに疲れ、弱ってしまいます。

大切なのは、**ターゲットを絞って契約を取りにいくこと**です。

「ターゲットを絞る」とはどういうことか。一言、「仮説を立てること」です。クリーン・リフレが一番使われているのはどこだろうかと調べてみる。コロナウイルス対策に力を入れている業界はどこだろうか。あるいは、一定レベル以上に安心・安全に追求している施設はないか……。こうした仮説をもとにターゲットを決めて、実行してみる（＝営業をかける）。それで売れるかどうか確かめるのが「検証」。売れたらそのまま続ければいいし、売れなければまた別の仮説を立てて検証する。ターゲットは時間の経過とともに変わるも

ので、好ましい結果が出なかったからといって腐ってはいけません。

　いまの若い人は飛び込み営業を嫌がります。ターゲット業界の名簿リストを使い、テレアポセンターでリストに基づいて架電（かでん）します。アポイントがとれると営業担当者のスマートフォンに情報を送ります。この情報をもとに訪問し、契約ができたり、不成約時に振り返りを行ない、スクリプトシートを訂正して、架電の精度を上げます。お客様の使用用途によって、メリットと感じられるワードが違います。スポーツジムなら、マシンが痛まないことをご紹介して、アポイントに至っています。アポインターさんは、いろいろな業種への架電経験が強みだから、勉強会で多くのケースを全体に共有し、横展開してスクリプトに反映します。営業は足で稼いでくるもの。私はそれを全否定はしません。営業エリアを1件1件ひとつ残らず回ってお客様を取ってこなくてはならない局面も当然ある。でも本当は、営業は「頭」です。足以上に頭を使って稼ぐものです。人は、ともすれば「頑張った」「頑張らせた」という事実そのものを過大評価してしまいます。**会社が評価するのは、頑張った・頑張らせた「結果」**です。

「頑張って契約を取ってこい」「取れるまで帰ってくるな」と、根性論をまき散らす経営者や管理職はいまも少なくないでしょう。そういう向きは、そもそも契約が取れるだけの営業スキルを身につけさせたかと真剣に自問してみてください。頑張るだけで契約が取れるなら苦労はしません。

【営業責任者】

——職責上位者は積極的に現場に行く。部下のお客様訪問に同行する

会社の方針を実施する部隊長です。勤務時間の70％は現場にいる人です。

お客様訪問や新規営業エリア開拓を面倒がる営業責任者がいます。そんな現場で汗をかく仕事は若い社員に任せておけばいいんだ、みたいな気持ちでしょうけれど、まあ心得違いもいいところです。

空調の効いた会社に引きこもって業績を伸ばせるなら、そうしていればいいです。ですが、荒っぽく言えば**売上は現場にしか埋まっていない**から、責任者は積極的に営業の前線に行くべきです。これは営業責任者に限らず、社長だってそう。私が朝から晩まで本社にいられる日は年間に何日あると思いますか。10日？　5日？　答えは「1日」です。どんなに多くても2日。わが社はそれくらい、社長が率先して現場を飛び回っている。

わが社には、「職責の高い者は積極的に現場に足を運ぶ」の不文律（ふぶんりつ）があります。これを実現しやすくする仕組みは、営業部門の課長職以上には専用の机は与えません。机があると、そこで「仕事をしているふり」ができるからです。さすがに社長室には私専用の机はあります。とはいえ（ご存知のかたも多いと思いますが）椅子はないので立って仕事をせざるを得ず、長居はできない設計になっています。

わが社の部課長の話に戻せば、彼らは平日の勤務時間はどうしているか？（なにしろ机がないから）部下のお客様訪問に同行している。部下は、上司が側にいるからサボるわけにもいかず、そのときだけは真面目に仕事をする。だから成績が上がる。これが、武蔵野が増収・増益を達成している理由のひとつです。

普通の人は、「お客様訪問くらい、一人で行ったほうが効率がよく、経費が少なくなる」と考える。それは確かにそう。しかし営業は**「効率がいい」と「成績が伸びる」とは別のもの**。効率悪く手間をかけたほうが数字に寄与するケースは、実はたくさんあります。ただし「ならば毎日部下のお客様訪問に同行すればいいのか」といえばそれは違います。部下も人間で、たまには業務時間中にコーヒーショップでさぼ……、もとい、寛（くつろ）いだりする時間も必要です。

では、どれくらいの頻度で同行すればいいのか、そうですね、目安としては週に2度くらいでしょうか。あなたに5名の部下がいるとすれば、「1日1名」で同行する。そこで賢い部長が効率よく同行する方法に気づきました。トリプル同行です。課長に10教えると5以下の事しか伝わらない。教えられた課長が社員に教えると3か2しか伝わらない。3人で同行すると課長に5社員に4か3が伝わる。

【ビジネスパートナー】——自社にないものを補ってくれる、最重要の存在

取引業者ではなくビジネスパートナーです。わが社が成長できるのはビジネスパートナーの頑張りがあるからです。定期的に情報交換の場を設ける。

大阪に、かれこれ30年くらい行きつけにしている割烹店があります。この店は、主人の腕前がいいのはもちろんのこと、仕入れているものも素晴らしくいい。魚も野菜も、とにかく極上のものばかり揃えてある。大阪に出張に行くたび、この店を訪れることは私の楽しみです。

その日、私は珍しく一人でした。随行する部下もいなければ接待するお客様もいない。他のお客様は折りからのコロナ禍で早々に店をあとにして、店内は私と主人の2人きり。その気安さで私は、杯を傾けつつ訊いてみました。「どうしてこんな素晴らしいものばかり仕入れられるんですか?」。

「ああ」、主人はこともなげに言いました。「うちはね、お客様のことばっかりを見てないからですよ」。

こういう料理を出せばお客様は喜んでくださるだろうとか、リピーターになっていただくためにこれこれのキャンペーンをしようとか、そういうことは考えない。ただ、いかに

して仕入先業者と良好な関係を築くかだけを考えている。そのおかげで良質な食材を優先的に回してもらうことができている――、というのです。私は深く感じ入りました。なるほど、**そういうお客様満足度の向上のさせかたもあるのか**、と。

「お客様のことばっかりを見てない」を、正面から受け取ってはいけません。この割烹店は、どうすればお客様満足の向上につながるかを徹底して考えたあげく、「仕入先をなによりも大切にすることで良質な食材の安定仕入れを実現する」という解に行き当たった。

これは、私がしばしば「従業員満足はお客様満足に優先する」と述べていることと似ています。職場や待遇に満足していない社員が、お客様満足のための努力なんかできるはずはない。だから、逆説的になりますがわが社は、徹底した従業員満足を追求することによって、高いお客様満足を実現している。自社の強みを直接的に活かしているものはなにかと考え、そこに経営資源を割くことを積極的に検討します。

お金を払う立場は強いもので、つい仕入先の業者にぞんざいな口をきいてしまったり、顎で使ったりというのはよくあることです。ですがそれは、絶対に止めてください。彼らは、自社にはないもの・賄えないものを補ってくれる最重要のビジネスパートナーです。コロナ禍以前は私がビジネスパートナーを接待していた。「対等以上」の存在として接するくらいでちょうどいいと肝に銘じておいてください。

【ブランド】
――中小企業がやるべきは「サービスレベルの均質化」

組織的価値観。誰でも同じ説明ができる。

よく「自社のブランド力を高めよ」と言われますね。あらゆる商品、サービスの差がなくなっていくなか、自社が生き残るためにはブランド力で勝るしかない、とかなんとか。まったく正しい考えかたです。わが社のダスキン事業は地元・小金井市周辺で大きなシェアを持っています。それはダスキンのブランド力に加えて、武蔵野ブランドとでも呼ぶべきものが圧倒的にお客様から支持されているからです。

では「ブランド力」とはいったいなんでしょうか。いろいろな考えかたはありますが、**ひとつは「普遍性」です。**たとえば、ルイ・ヴィトンのハンドバッグもアップルのスマートフォンも、東京で買おうがニューヨークで買おうが同じ品質であることが保証されています。この価値を持ち、この機能があるという認識が全世界的に共有されています。これが普遍性であり、ブランド力の源泉です。

ならばこれを踏まえて、田舎の中小企業がブランド力を獲得するためにはなにをすべきでしょうか。**なによりも先に着手すべきはサービスレベルの均質化**です。Aさんがやろうが、Bさんがやろうが、とにかく常に同じサービスを提供する。それがお客様からの信頼を揺らぎないものにします。

Aさんのサービスレベルは100点、Bさんは60点とします。この場合の平均は80点になりますが、それよりは全員が確実に75点を取るほうが（点数そのものは低くなるわけですが）ブランド力をつける上ではずっと効果的です。

これを実現するべく活用しているのが、環境整備点検です。詳細については上巻190ページの【人件費】をご覧いただきたいのですが、だれが点検しても同じ結果が出せるよう、環境整備点検チームをつくるなどして均質化に努めた。

わが社も経営サポート事業を始めて、お客様から様々な質問を頂戴することも増えました。「人事・労務についてこのことに疑問があるのですが」。コンサル業務に携わっていると、つい「クライアントからの質問にはなんでも淀みなく答えられなくてはいけない」と強迫観念に駆られてしまう。それでつい当たり障りのないことを話すのですが、これも「サービスレベルの均質化」の意味では好ましくありません。「わかりません」「それについては小山にお尋ねください」。全員が正しくそう答えられること（お客様の側からすれば、だれに訊いても同じ答えが返ってくること）が大切です。それができる会社が優秀というものであり、またブランド力を蓄えていくことにつながります。

【小さな会社】

——無理に商圏を拡げない。スモールテリトリー・ビッグシェアが正しい

信用されにくい。お客様は大きな会社から買いたがる。

あなたはお世話になったお歳暮やお中元を贈るさい、隣の小さな雑貨屋さんで買って送りますか？　それとも名の知れた百貨店で買って送りますか？

多少値段は高くなったとしても百貨店ですよね。なぜかといえば百貨店には信用があるからです。同じものを贈るにしても、百貨店の包装紙に包まれていればより喜ばれる。

このように、扱っているものは変わらなくても、小さな店・小さな会社はお客様からは信用されにくいです。少しでも信用のある、ブランド力の大きな会社をお客様は選ぶ。残念ながらそれが現実です。

では、小さな会社は大きな会社にお客様を取られるのを、ただ見ているしかないのか、と言えばもちろんそんなことはありません。**小さな会社には小さな会社なりの戦いかたと勝機がある。**それは、範囲を絞って小さなテリトリーで一番になることです。

そのやりかたで半世紀にわたり勝ち残っている企業が、武蔵野です。かつて、わが社のダスキン事業部の営業テリトリーは西東京を中心に北は埼玉、南は神奈川まで及んでいました。これだけ広範囲に散らばったお客様をフォローして回るのはコスト的にも大変なこ

とでした。

そこで、同じダスキンの代理店同士でお客様を交換して、営業範囲を従来の25％まで狭めました。これは、売上額で言えば「100を渡して70を貰う」提案だったので、ごくスムーズに交渉がまとまりました。「30を損したではないか」と思われるかもしれませんが、先述の「広範囲に散らばったお客様をフォローして回る」コストは毎月知らず知らずのうちに加算されていたので、なんの問題もない……。というよりはむしろ大きな得をしました。さらに、本社のある小金井市（＝小さなテリトリー）では圧倒的なシェアを持つに至ったのでブランド力が大きく向上し、いまだに大きなライバル会社ですら手が出せない一強状態を維持しています。

「ブランド力」とはなにか。いろいろな考えかたはできますが、ひとつには**お客様の目につく回数**です。これが多ければ多いほどブランド力は高くなる。わかりやすく言えばお客様に「大きい、信頼できる会社」と思っていただけることです。特に地域密着型のビジネスをしている（ことの多い）中小企業は、自社の体力相応のテリトリーを堅持し、お客様の目に触れる数を増やし、お客様の認知を高めるよう努めるべきの結論に必然的になります。間違っても日本全国を相手に商売しようなどと思ってはいけません。「スモールテリトリー・ビッグシェア」が正しい。

【戦略マップ】——お客様とライバルの所在を可視化して行動する

お客様とライバルが一目瞭然で見える。物量作戦、時間効率のアップに欠かせない。

わが社の各拠点には以前、スタッフの目につきやすいところに周辺地域の白地図を貼っていました。そして、「新規獲得したお客様はこちら」「ライバルの拠点はここ」という具合に、地図上に色別のピンを刺して全体を見られるようにしていた。これがすなわち「戦略マップ」と称するものですが、その意とするところは、**どこに、どれだけお客様がいらして、どこに、どんなライバルがいるかを明らかにしておく**ことです。

お客様のご住所やライバルの所在くらい、わが社のデータベースにはしっかり記録されています。でもそれはしょせんはゼロと1の無機質なデジタルデータですから、感覚的ではない。だから、この地域でお客様が増えたとか、ライバルがわが社のシェアをだんだんと侵してきたといったことは、よほど深く精査・分析しなければ把握できない。すると、初動が遅れます。意思決定が早いこと・小回りが利くことが中小企業の身上なのに、これでは致命的なことになりかねません。

紙の白地図に「このピンはライバル」「こちらのピンはお客様」と、アナログ的にやるのは格好よくない。そのかわり戦況は一目瞭然になります。お客様がどこにいて、どのように推移していて、ライバルはここにいて……、といったことが即座に把握できる。どこを重点的に攻めるか、どこを守るかも直感的にわかります。

さらに地図がだれでも、いつでも見られる状態になっていたら？　226ページの【宣言】の項で述べることを転載すればこうなります。「スタッフの考え方や習慣が変えられる」。これはとても大きなことです。

それとは逆に、(紙の地図ではなく）デジタルのままで作業したほうがいいこともあります。お客様訪問時に活用するナビゲーション・マップです。

配送業務で、お客様が不在とか、交通渋滞に巻き込まれて、ルート変更を余儀なくされることがしばしばあります。効率よくお客様訪問をすることは業績を上げるうえで非常に重要ですが、まだ業務のデジタル化が進んでなかった昔は、紙の地図上でルートを組み直すのはとても面倒だった。現在は、スマートフォンに表示した地図をスワイプするだけで簡単にルート変更ができる。ダスキン本社が【ダスキンデジタル地図システム】を開発しました。①活動記録の表示、②インターホン断り、③モニター訪問禁止、④活動範囲を導入店舗と共有、⑤既存利用顧客を表記、⑥活動記録をデータ化（担当者毎可能）といったものです。これだけの機能は一度に使いきれないから、わが社で活用できるものに絞って活用しています。

【知恵】——考えても出なければ、それ以上考えるのは無駄。素直に他人を頼る

求める人のところにだけやってくる。物事を知り、処理する心の動き、知識と体験の応用です。本当に困ると出る。(一) 人に聞く。(二) 実践によって体得する。

仕事をしていると、到底解決できそうもない困難に行き当たることはままあります。そんなとき、**一番いい解決方法は「教えてもらう」**ことです。一般社員なら先輩社員や上司に訊けばいいし、社長なら別の先輩社長や専門家、コンサルタントなどに訊けばいい。

思い悩んでいるあなたが立ち往生しているその案件は、実は過去に幾人もの先輩が、多少の苦労はもちろんしつつ、通り抜けてきたところです。それは、誰もが通り抜けが可能な道。気後れしないで先輩に道案内をお願いすればいい。とかく人は、創意工夫や独創を尊び、また独力ですべてを成し遂げるのを正しいと考える。でもそんなことができるのは、現実はほんの一握りの天才だけ。「その他大勢」に過ぎない私たちは、先にうまくできた人を素直に真似し、また**手に余ることがあったら誰かの助けを借りればいい**です。

「先達に教えを乞う」ことのメリットはもうひとつ、自分では想像もできなかった視点や発想が得られる点が挙げられます。

私は「武蔵野の常識は世間の非常識」と言うが、業績が伸び悩んでいるときのひとつの

解決策は、他の業界で常識になっていることを自社業界に取り込むことです。それは、自社業界の慣習から見れば非常識ですが、非常識ゆえに発想などが革新的で、強力な差別化要素になったり新たな事業の柱になったりすることがしばしばある。

私のところで学んでいるX社は、食品関連事業を幅広く手がける業界大手です。しかし食品はどうしても「水もの」で、好不調の波が常にある。そこで同社社長は、「もうひとつ事業の柱になるものがほしい」と私に相談を持ちかけてきました。私はX社の業務内容を精査して、こうアドバイスしました。「写真や動画の撮影技術を売りなさい」。

X社は、創立以来カタログやパンフレット作成などの業務を通じて、食材や料理、調理過程などの写真・動画の撮影技術は非常に高いものを持っていた。私はこれは、年商1億円には成長する事業にできると踏んだ。飲食店や食品メーカーを中心に「食材や料理を美味しそうに撮影したい」という需要は非常に大きいからです。X社はこれで大きく業績を伸ばすことに成功しました。

よく「自社の強みを認識して伸ばせ」みたいなことを言う経営指南書があります。しかし**自社の強みは、当事者には「当たり前」になっていることも多く、なかなか認識しづらい**ものです。そういうことは外部から指摘してもらうほうが確実です。

【独創性】――「前例がないもの」とほぼ同義。お客様にも理解されず、売れない

だれも思いつかない新しい発想やオリジナリティに価値はない。目の前の当たり前のことをやるところに価値がある。希少価値がすべてではない。

「独創的な商品をつくり、特許を取得した」。開発・製造系の中小企業なら一度は憧れるサクセスストーリーです。ですが、特許を得た新商品が売れるかというと、残念！　売れないです。なにを隠そう武蔵野も3つほど特許を持っているが、まったくお金にはなっていません。世の中には特許を得た商品はいくらでもあり、それだけではお客様にアピールできないです。

「独創的」もあまり感心できないことです。それは**「前例がないもの」とほぼ同義**で、お客様にはそれがどう便利で有用なのか理解できない。当然、売れない。現在では揺るぎないブランドのダスキンだって、創業当初（1960年代初頭）はお客様の獲得に大変な苦労がありました。当時は「化学雑巾」なんて商品はお客様の理解の外にあるもので、それを定期的に回収・交換しに来るビジネスモデルにも馴染みがなかったです。特に4週間に一度の訪問の説明に私は心底苦労しました。

独創や先進といったことを志向するのではなく、**いまある商品を改善するほうが売れま**

す。お客様から「こうしてほしい」「こうだったらいいのに」とご指摘いただいたことを反映させて改善する。いま、眼下にあって「当たり前」になっているものを、少しだけ視点をずらして眺められるところに置く。それを繰り返して、少しずつ高めていくことが本当に大切なことです。

人は、ややもすれば「他社では実現できない価値を」とか「わが社ならではのオリジナルなサービスを」とか考えて行動してしまう。それは「独創」という言葉を換言しているだけですから是非とも気をつけてください。あなたが頭で考える「独創」はたかが知れてます。

「独創」は、不利です。先に「独創とは〈前例がないもの〉とほぼ同義」と書きましたが、前例がないとはまた「だれも知らない」ということでもある。**知られていないものは売れません**。いい例が携帯電話です。これが世に出た当初は、もちろん知る人はほとんどいなかったので売れませんでした。認知が進むにつれ少しずつ売れ始め、やがてメールが送れるようになって大ヒット。さらに写真が撮れるようになって爆発的に売れました。

このように、みんなが知っている製品を、少しずつ改良したほうが、いきなり独創的なものを世に問うよりずっと確実です。「独創」が無価値とまでは言わないが、そのことと商品が売れることは別です。

【不満足】――マイナスの状況にあるのなら「どうしたらプラスにできるか」と考える

過去を引きずっているからです。

あなたの周囲にも、いつもぶつぶつと不平不満を言っている人がいるでしょう。あれは横で聞いていても辛気臭いし、なにかと気も遣わされるしで、まったく不愉快です。上司が注意するがなかなか改められないのは、「過去を引きずっている」からです。ああ、あのときはあんなことするんじゃなかった、ああしておけば良かった。そうすればこんなことにはならなかったのに……、と、腹が立ってどうにも我慢できず、怒りも発散できず、そんなやるせない思いがつい口をついて出てきます。

まあ、気持ちはわからないでもない。しかし**過去を悔いるだけ悔いて、事情が好転した人は一人もいない**のだから、それはやはり（文字通りの）後ろ向きな態度と断じざるを得ません。過去はどうしたって変えようがないのだから、いま現在できることを実行して状況を変えていくほうがよほど健全です。

考えかたのヒントはこうです。現状、発生している事実や事柄はひとつ。その捉えかたはふたつある。良く捉えるか、悪く捉えるか、です。良く捉えるならば特に不満はないです。「ああしておけば良かった」などと不平不満を口にする余地はない。悪く捉えるから不平不満が溜まる。ところが、これは意外に見落とされがちな視点ですが、「悪いこと」はなにからなにまで悪いわけではない。会社が赤字になること。これは一般論で言えば「悪いこと」ですが、これによって事業の相続や継承が容易になったり、不採算部門の切り捨てがやりやすくなったりするなどのメリットもある。

会社には、良いときでなければできないことと、悪くなったからできることがある。いま現在が不満足とすれば、それはある方向からのみを眺めているからで、見かたを変えれば様々な可能性が拡がっていることに気づく。マイナスの現状をどうしたらプラスにできるか、と考えることさえできれば不満足は満足に変わります。

人生には上り調子もあれば下り調子もあり、どちらに転ぶかはわからないです。私も、この歳になってよもや、という事に2020年に襲われました。私は「いまは我慢のときだ」と思い、時間を過ごしました。そうしたら2022年からSNSで理不尽な叩かれかたをされたが、屈せずに煽(あお)っていた人に裁判を起こし2024年には数千万円の勝訴が確定し、また光明が見えてきた。

社会人は、良くも悪くも与えられたカードで勝負するしかない。**手札がいかに最悪でも、そこから少しでも良くするにはどうしたらいいのかと考える**ところに人の成長はあります。「あなたは、過去と他人は変えられません。しかし、未来と自分は変えられます」。

【不良在庫】――売れないものは捨てる。捨てるときに心の痛みを感じること

思い切って処分する。運転資金を圧迫し、金利増となり、倉庫料の支払いで経費アップになり、売れなくなり、廃棄処分で利益がなくなり、結果、皆さんの生活を貧しくするものです。

その昔、わが社のダスキン小金井支店の倉庫では、棚の上に家庭用生ごみ処理機がずらっと並んで置いてありました。仕入れてすぐに5台は売れたが、まだ30台もの在庫が残っています。私は当時の担当役員に「捨てなさい」と指示しましたが、彼はなぜか自信たっぷりに「大丈夫、売れます」と言う。ところが、その後1年かかって売れたのはわずかに5台。30台の在庫が25台になったくらいでは大勢は変わらず、倉庫でひたすら埃(ほこり)をかぶるばかり……。私は業を煮やして、もう強制的に全部捨てさせました。

「そのうちに売れるから」と思ってはいけません。ずばり言いますが、1年経過して売れなかった商品は、もはやなにをどうしても売れません。逆に言えば、**本当に売れる商品は仕入れた途端に羽が生えたように売れるので、「倉庫には在庫がない」**です。

まったく在庫を持たないのも現実的ではないでしょうから目安を言えば、半年です。半年が経過して売れない商品は**「すべて」「なにも考えず」「躊躇(ちゅうちょ)なく」「そのまま」「ひとつ**

残らず」「機械的に」捨てなさい。そうしなければ売れる商品を仕入れたときに置き場所がなくなってしまいます。

このとき「売れる商品を置く場所がない」とかいって、新しい倉庫を契約してしまう会社があります。それで当座はしのげたとしても、「売れないものは捨てる」という文化や習慣はないから、またすぐに売れないものを抱えていくことになる。私はこれまでに、総額数億円もの在庫を（いつか売れる、という希望とともに）抱えたままの企業を山のように見ました。在庫を維持するには安からぬコストがかかります。つまりそれは、会社の現金をただただ目減りさせているのと同じです。

こんな話を思い出しました。それは、ライバルに圧倒されて経営が低迷していたビール会社です。新しく就任した社長は、状況を打破すべく古い商品（賞味期限が切れているわけではない）を徹底的に捨てさせた。すると顧客はいつも新鮮なビールが飲めるようになり、やがて「最近のA社のビールは美味い」と評判になり、ようやく同社は復活した……。

不良在庫、売れない商品は、目をつぶって捨てましょう。**捨てるときに購入した本人に「無駄な仕入れをしてしまった」と痛みを感じさせる。**その痛みが本当に大切な財産です。

【訪問販売】

——売れようが売れまいが、常に新商品のご案内を差し上げる

レンタルシステム、商品の機能を売っているのではない。人間関係を販売しているのです。「あの人が来てくれるから」。訪問をやめると、お客様との人間関係も同時に断たれてしまう。人間関係のないところに、本当の意味の販売はない。攻め＝訪問販売。待ち＝店舗販売。

ダスキンの営業担当者が異動または配置替えになり新しい担当者に引き継ぐと、必ず数件の解約が出ます。ダストコントロール商品の「機能」を、4週間単位という「期間」で売っているのではないか、「人」は関係ないだろう……、と思うのはあさはかというもので、お客様にとっては違う。「〇〇さんだったから」「△△さんじゃなければ」。それがご契約くださっている（いた）最大の動機だったりするのです。

つまりダスキン事業は、ダストコントロール商品はもちろんのこと、人間関係をも売っています。

お客様を初訪問したとき・初契約が成ったとき。そして配達・交換でお客様を訪問するようになって1年間が経過したとき。その時々でお客様と営業担当者の関係性は違っています。最初はぎくしゃくとしている。ところが1年後には「この担当者でなくては」

「ずっとこのお客様の担当でいたい」となっている。

なぜかくも変わるかといえば1年の間に両者ともお互いを観察し、学習してきたからです。だからコミュニケーションも円滑になり、ときに軽口が出たりするような良好な関係も生まれて、お互いに居心地が良くなっている。

傍目にはなにげなく「こんにちは、ダスキンです」「ああ、お疲れさま」と言っているだけに見えますが、実はそんな些細な会話の背景には、**お客様と営業担当者との間で膨大な感情と情報のやりとりをしてきた事実がある。**これはもちろんお客様にとってもバリューがあることで、それが「○○さんだったから」「△△さんじゃなければ」につながるわけです。

訪問販売を主とする会社にとって大切なことは、いま自社の商品をお使いいただいているお**客様から解約を言われないように細心の気を遣うこと**です。そのためにはどうしたらいいのか。一番確実なのは、折りに触れ新商品なり新サービスなりのご提案を差し上げる。それは、十中八、九（以上）断られる。しかし実は、その「断られる」ことが大切です。断られれば、いま使っていただいている商品をやめることはありません。**常に新しい商品を提案し、お客様に断っていただくことは、訪問販売の鉄則中の鉄則**です。

第八章

人を育てる言葉

【困難（一）】

――考えるより先に手を動かせ、そうすれば解決に向かう

目は怖がるけれど、手は怖がらない。目は臆病だけど、手には勇気がある。困難な状況に直面したとき、最初に目や頭に頼ってはいけない。まずはなにも考えずに手足を動かし、体を動かす。

聞いた話ですが、人間が得る情報のうち、実に90％以上は視覚由来だそうです。一見して「綺麗だな」「汚れているぞ」と判断する。ちらりと見て「簡単だな」「難しいぞ」と当たりをつける――。なるほど、ここには聴覚とか触覚とかはあまり関係ないのは容易に想像がつく。人間は「目で考える動物」だということができるでしょう。

ところが問題は、この目はかなりの臆病者です。あるいは怠け者と言ってもいい。ややもすれば対象を「難しい」「自分の手には負えない」と過大に判断・評価して、着手を遅らせてしまう。あるいはアクションを起こさないことを正当化してしまう。

それは、中小企業にとっては致命傷になります。中小企業は、経営者の号令で、**即座に行動できる身軽さが最大の武器**です。

行動が後手になるとすれば、それは「失敗したくない」「もう少し調べたり根回ししたりしてからにしよう」という気持ちがあるからでしょう。しかし慎重さゆえに行動が後手

に回り、それで会社が傾いたりすれば本末転倒もいいところです。

「下手の考え休むに似たり」の格言があります。そしてあなたは、社長から見れば「下手」ですから、あれこれ考え、手をこまねいている状態を社長は「さぼっている」と見なします。それはあなたにとって、好ましいことではないに違いありません。

私は若い社員に向かってこう教えています。「〝考〟が先ではない。〝行〟が先だ」。考と行、音読みはどちらも「コウ」ですが、実質は天と地ほどの違いがある。**考える暇があるなら、まず手足を、身体を動かしなさい**、です。

最近の若い人は、失敗を過剰に恐れる傾向があるように思う。**安心してください。どうせ中小企業です、難しいことなんか実はなにもやっていません。手順さえ飲み込めば子供でもできることをやっているのが中小企業です**。とにかく行動に移してごらんなさい、始める前は大変な困難に思われていたことが、実は意外に扱いやすいものと気づきます。先述したように社長は「失敗した」よりも「行動しなかった」ことのほうを厳しく採点します。慎重に考えてなにも行動できないのならば、いっそ**軽はずみなくらいに行動して失敗したほうが評価は高くなる**。

それでもなお行動をためらう人に、最後もまた格言を掲げて締めることにしましょう。

「案ずるより産むが易（やす）し」。

【困難（二）】——そこから逃げると人はどんどん退化する

人を駄目にするか、逆にたたき上げるかのどちらかです。その人のレベルに合ったものが回ってくる。大きい問題は、直接上の人にふりかかる。

仕事を進めていて、なにか困難に当たったらどうしたらいいか。お教えしましょう、「上司に振る」です。課長、ちょっと私の手には負えなくなってしまったのですが、ヘルプお願いできませんか——。**頼られて悪い気分になる人はいません**。口先ではぶつくさ言うかもしれませんが、内心はまんざらでもなくあなたの肩代わりをしてくれます。あなたは課長が問題を解決していく手際をつぶさに横で観察しながら、なるほど**こうやればいいのかと学習すればいい**。この積み重ねがすなわち成長です。

わが社はこれをやっています。一般社員の手に負えなかった困難は上司が、上司が解決できない困難は役員が。役員でも駄目だったら社長の私が当たる仕組みになっています。おかげで私はいつも傷だらけです（笑）。

話を戻して、ではそうやって自分が成長していけば困難はなくなるかというと、もちろんそんなことはない。より高いレベルの困難がやってきます。また上司を頼る……、のもひとつの方法ですが、ある程度社会人としての経験を積み重ねてきたら、上司からはアドバイスを仰ぐ程度にとどめて自分の力で解決できないかと考えてみてください。私が今日あるのは、若いときから現在に至るまで、とめどなくやってきた苦労や困難、中には理不尽に襲われたが、立ち向かい、乗り切ってきたからです。

すべて乗り切ることができたか、というともちろんそんなことはない。何度となく失敗もしました。しかし10回のうち2回3回くらいなら、特に優秀でなくとも（相応に苦労はしますが）乗り越えることができる。その経験が自信となり、また財産となりました。だから困難を克服したかどうかは大きな問題ではありません。**大切なのは、立ち向かったか、それとも逃げたか**です。

伸びなかった人、いま停滞している人は、困難から逃げた人です。会社を辞めて別の会社に移るとか、そういうことですね。それで困難がなくなるかと言えば無論そんなことはなく、（前述したように）その人に合わせた低レベルな困難が来るだけです。それからも逃げたら、さらに低レベルな困難がまた来る。文字通りの負のスパイラルです。これで人はどんどん退化していきます。

人は、どこにいようがなにをしようが、困難からは一生逃れられません。**一生の友達です**。そうである以上は「困難は友人」とか**「困難は自分を磨く砥石（といし）」**くらいに思って、楽しく仲良く、死ぬまでぼちぼちつきあっていくのがいいです。

【親孝行】

――人としてまっとうな「感謝の心」を持つべし

早いうちにしておくものです。でないと後悔する。

（一）新卒社員はゴールデンウィーク中に帰省し、両親に感謝の言葉を伝えてくれれば、交通費を支給する。

（二）社員は昇進したさいに両親と食事会を開き、感謝の言葉を伝える。食事代（親一人1万円）と交通費（写真提出後、精算）を会社が支給する。有効期間は昇進の日から6カ月以内。2・5G（課長）以上昇進時に支給する。

「親孝行しなさい」と言われると抵抗感を覚える人がいます。なんであんな親に。口を開けば同じことを何度も言うか、説教ばかりで、孝行する価値なんかまるでない親なんだ、とかなんとか。

かくいう私も、若いころは親孝行なんてまるで興味がありませんでした。そんなの知ったことかと思っていた。いま古稀をいくつか過ぎて、「ああ、もっとちゃんとやっておけば良かった」と、反省しています。

よくよく考えてみたら私は「親孝行に興味がない」どころか、端的に親不孝者でした。大学は9年も通うわ、せっかく入社した会社は社長と喧嘩してすぐに辞めるわ、起業して失敗するわ、その失敗を糧（かて）に次の起業で成功したはいいものの、40歳を過ぎてもなかなか結婚しないわで、親はさぞ心を痛めていたことだろうと、私も人の子の親になってようやく思い至った。わが社の社員には、そういう後悔はしてもらいたくない。

親孝行が嫌なあなた。あなたが「あんな親」と思うのはなぜですか。そういう批判的な目を持つことができたのはどうしてですか。**言うまでもありません、成長したからです。**成長して、視野が広くなったからです。では、その成長を支えたのはだれですか？　間違いなくあなたの親ではありませんか。あなたがどれほど親をうっとうしく思おうと、このことについては敬意を払うべきです。それは動かしがたい事実です。

感謝すべき相手に感謝ができないのは「挨拶ができない」のと同じで、社会人としては失格です。お客様はそういうことはごく敏感に見抜くから、お買い上げてもくださらない。それはあなたにとっても望ましいことではないです。**優秀なビジネスパーソンになる以前に、まず社会人としてまっとうであれ**です。であるがゆえにわが社は親孝行を奨励します。昨今は「良いことは強制」とはなかなか表明しづらいご時世ですが……。

親孝行帰省や食事会をした社員にヒアリングすると、「びっくりするくらい喜んでくれた」という声が非常に多い。それは、人を喜ばせることができた体験に他ならない。仕事が辛いとき、投げ出したくなったとき、その体験のあることが本人を救います。

【インストラクター】——新人の「レベル」や「気持ち」に合わせた指導を

新人に終日同行し、お客様対応や精算業務、翌日の準備のイロハを教えるのが役目。

あらゆる業務を高度に標準化し、そしてマニュアル化するのが武蔵野の文化です。当然、新人を教育するインストラクターのためのマニュアルもある。このマニュアル、外部からの評判がすごく高い。「是非わが社に売ってほしい」というご要望が全国の経営者から寄せられています。それだけ高い教育効果が期待できるマニュアルです。

どの会社にも新人教育のためのマニュアルはある。それらとわが社のマニュアルはなにが違うか。普通の会社はそれなりのマニュアルがあって、それに沿って教えるだけです。ところがわが社は、事前に**プリントアウトしたチェック事項を新人に見せて、なにができるか・できないかを答えさせる**ようにできている。インストラクター役の課長は本日こなした仕事とチェック事項とを見比べながら、「なんだ、できないって言ってたこともできたじゃないか。謙遜(けんそん)しなくたっていいのに」とか、「できると言ってたのにできてなかったな。次はもっと入念に指導することにするよ」と声をかける。こういうやりとりができるところまで含めてマニュアルになっています。新人も勉強になるし、モチベーションも高く維持できる。

インストラクターは、教える相手がどの程度のレベルにいるかを注意深く観察・把握しながら教えに当たる。そうしなければ人は成長しません。

関連したことを言うと、普通の会社は、新人に仕事を教えようとします。なんだ、そんなの当たり前じゃないかと言ってはいけない。彼、彼女に**教えるべきは「仕事」ではありません**。まず「単語」です。単語の意味がきちんと共有されていないと、そもそも仕事すらできないからです。

どんな業界でも、仲間内だけで使うキーワードが当たり前のように飛び交います。それは経験を積んだ社員にとっては「当たり前」でも、昨日今日、社会に出たばかりの新人には通用しません。それこそ基礎的な単語の意味から教えないと駄目、と肝に銘じてください。

わからないことがあれば、その都度質問すればいいだろう。あなたはそう思うかもしれない。ですが新人にとっては、実は質問することすら怖い。使えない社員と判断されるのではないか、仕事の邪魔をするなと怒られるのではないか、などと思って。新人を教育するときは、こういう心理まで考慮に入れた体制をつくっておかなくてはなりません。それをやっているのがわが社のインストラクター制度であり、だからわが社の新人はいち早く成長して「稼げる」人材になってくれます。

【トレーナー】――「教える」よりも「やらせる」。やらせたら「チェックする」

教えることが仕事ではありません。教えたことを実行しているかを現場で全部チェックする人です。そして、必ず教えなければならないのは、「わからないことはすぐに先輩に訊け」です。

今年も新卒社員が入ってきた。1日も早く戦力となってもらえるよう、先輩社員をトレーナーにつけて現地で仕事の指導をさせよう……。それは大変立派な心がけですが、気をつけておかなくてはいけないことがある。前項でも述べたように、「教えすぎてはいけない」です。人間の1日のキャパシティには限界がある。そして新人は、限界のピークが低い。だからトレーナーが**一所懸命に教えすぎると潰れてしまいます**。そして「こんな大変なところには勤まらない」と思って辞めてしまう。

よく「新卒・中途社員の定着率が低い。せっかく採用してもなかなか居ついてくれない」と嘆く経営者がいます。新人がすぐに辞める原因はたいてい「あれも、これも」と教え過ぎることだったりします。

トレーナーは、あれこれ教える前に「やらせてみる」のです。それでとにかく体験をさせて、多少なりとも自分でできるようになってからあれこれ教えるのが正しい。これは本書でも何度となく述べていることですが、教育は「体験」の下地を伴ってこそ役に立つ。と言うとおわかりでしょうが、トレーナーは「教える」以上にチェックを入念に行なう必要がある。教えたことが現地でできているかどうか、できている（できていない）とすればそのレベルはどれくらいかを確認し、明日以降の教育内容に反映させていく。

そして業種業態を問わず、必ず教えなくてはならないのが「わからないことはすぐに先輩に訊け」です。これは、言葉を換えて言えば**「きみは独りで仕事をしているのではないんだよ」ときちんと教える**、です。人間はなにしろ、無視されるのが一番こたえる。だから、われわれはチームなんだ、全員で一丸となって仕事をしているのだ、という自覚が前提としてあるとないとでは、その後の教育の効果も意義も（もちろん効率も）大きく違ってきます。

「教え過ぎてはいけない」の見地に立てば、新人のトレーナーとして一番ふさわしいのは、1年上くらいの先輩社員がちょうどいい。未熟な社員が、もっと未熟な社員を先輩面して教える。こうすることで新人はもとより、トレーナー役の先輩社員も成長します。**「教える」は、教える当人にとっても成長の機会です。**

【やる気】――簡単な仕事をひとつ与えて、完遂する「成功体験」を与えてみる

知識や技術の裏づけがあり、責任を持たされて、終わりが見えることで起きます。困ったことだけを、上司が取り除いてやることです。

あなたが管理職なら、間違っても**部下に「やる気を出せ」なんて言ってはいけません**。「やる気」は心の領域に属すること、すなわち目には見えないものです。目には見えないものを外部からとやかくしようとすると、相手は心を病みます。

「そんなこと言ったって」とあなたは反論するかもしれない。「現実に部下は、まるでやる気がないいんだ。そんな人にどうやってやる気を出させればいいんだ」。

ここで管理職がすべきは、部下に「知識や技術の裏づけ」を与えることです。つまりは仕事のやりかた（＝知識や技術）を教え、仕事をひとつ完遂させる成功体験（＝裏づけ）をさせてやる。というと派生的に理解できると思いますが、その仕事はなるべく簡単なものであることが望ましい。なにしろ、仕事のことなどなにもわからない・できない若い部下ですから。

しかし簡単な仕事でも、仕事は仕事。部下には「きみを見込んでお願いするんだ」と言ってください。それで彼は、責任を持たせてもらった、期待されていると感じて、それこそ

「やる気」を出します。なに、**言うだけならタダです**。それに、安心してください、**どうせ本人にはそれが簡単な仕事と理解できません**から。

ここでもうひとつ大切なのは、簡単な仕事だからと投げっぱなしにしないで、毎回進捗状況をチェックすること。それで遅れていたり間違ったことをしていたりしていたら、即座に軌道修正してやってください。これもまた私は自信を持って言いますが、**どんなに簡単な仕事でも部下は必ず間違えます**。それではいつまで経っても仕事は終わらない。一般に人は、仕事が困難だからといって腐ったりはしませんが、その困難な仕事の終わりがいつまでも見えないでいると心が折れます。

部下が、「この仕事が完遂できません」と相談に来るかというと、来ません。ではどうするか。言うまでもない、管理職から確認に行くのです。管理職は、部下の手は離していい。むしろ積極的に離すべきです。しかし、部下が困っていれば即座に助け舟を出してやることが大切です。

駄目な管理職はずっと部下の手を握っています。管理職の手は2本しかないので、一人二人の部下の手しか握ることができません。しかし手を離しても目は離さなければ、10人は見ることができます。部下がきちんと仕事ができているかどうかは、チェックリストでチェックすればいいです。

【愛社精神】

――創業者の苦労を知り、感謝の念を持つ、それがまっとうな職業人

創業者（藤本寅雄）、お客様、先輩社員に対して感謝の気持ちをもつことができ、感謝の気持ちをもって創業社長の名前を呼べるようになるとお客様に信頼される。

以前、わが社の若い社員をつかまえてこう質問してみました。「武蔵野の創業者はだれですか？」。こんな答えが返ってきました。「ええっと……、小山昇です」。もう訂正するのも飽き飽きですが、違います。武蔵野の創業者は藤本寅雄です。私は3代目社長に過ぎません。でも、これくらいの勘違いならかわいいものです。後日、別の若い社員にこんな質問をしてみました。「わが社の社長の名前はなんですか」。これは「私（＝小山）の名前を述べてみよ」と命じたのと同義です。間違えるほうがどうかしているくらいに易しい質問です。だから彼も自信たっぷりに答えました。「コヤマ・ハジメさんです」。

ノボルがどうしたらハジメになるのやら。これほどに若い社員は、自分の勤めている会社のことなんか興味がないです。管理職以上の役職にある社員であればさすがにこういう間違いもしなくなりますが（と信じたい）、それでも「藤本が武蔵野を創業する前はなんの仕事をしていたか」と質問して正しく回答できるのはほんのひとにぎりです。

これは、いいことではないと思います。やはり社員は、特に若い社員は、自社がどうい

ういきさつで設立され、どういう苦難を経て成長してきたのかという歴史を知っておくことは大切です。そうすれば自社がどういう価値観を育み、どういう人材を理想としているかが理解できるようになる。理解ができれば行動が変わる。それは、簡単に言えば「出世が早くなる」ことに他なりません。

成果を上げたとき、「俺が優秀だからこれだけのことができたんだ」と自分の手柄や才覚を強調する人と、「いやいやお客様のおかげです」「部下がいい仕事をしてくれただけです」と謙虚に返す人。さあ、世間はどちらを信用し、どちらを評価すると思いますか。言うまでもなく後者ですね。

いま武蔵野の社員は、業界水準からすれば高い給与と賞与を得ています。それは社員に能力や資質があったのもさることながら、なにより藤本寅雄がわが社を創業し、血と汗と涙にまみれながら会社を維持・成長させてきたからです。そのことに気づかない人・感謝ができない人は、遠からずお客様の信頼を失う。なぜならばそれは、人間としての基本ができていないからです。当然、成果を上げることもできません。

商品知識を増やすとか、立板に水の営業トークを身につけるといったことはもちろん大切です。しかしそれ以上に大切なのは、**まず人間としてまっとうであること**。それが「できる」ビジネスパーソンであるための基本条件です。

【移動時間】——通勤や得意先回りの移動時間を有効活用すれば「差」をつけられる

どう使うかで成績に差が出る時間です。

鞄持ち研修などを通じて、移動中の私と行動を共にしたことのある人は社の内外に多いでしょう。さあ、そこで質問してみます。そのときの私はだらけてましたか？ スポーツ新聞や漫画雑誌を眺めていましたか？

「はい、だらけてました」「大笑いしながらジャンプを読んでました」と言う人は、おそらく皆無でしょう。電車の中ではボイスメールをチェックしたり、腰かけては著作のゲラに赤字を入れたりと、**コマネズミのようにせわしなく働いていた**と答えます。最近は年齢的なこともあり多少セーブしていますが、つい最近まで私は、研修やセミナー等で日本はもとより外国まで、それこそ分・秒単位のスケジュールで飛び回っていました。**移動時間を有効活用**しないことには、とてもではありませんが仕事をさばき切れなかった。

普通の会社員は、「社長はいいよなあ」と思っています。仕事は楽そうだし、それでいて社内一番の高給を取っているし、美味いもん食って高級車乗り回して、ああ、いつか俺も社長になって社員どもを顎（あご）で使いたい……。ところがわが社の社員は揃って言います。「どんなに高給を貰えるとしても、社長だけにはなりたくない」と。それは鞄持ち研修などを通じて、私がどれだけ大量の仕事をしているかを知っているからです。量が多いだけでなく質も高いし、非常な困難さもある。そんな大変な責任を担うくらいなら、「そこそこ」の出世で「そこそこ」のお金が貰えればいいや。そう考えている。

私は毎日、夜も明けぬうちから自宅の風呂につかりつつ、こう考えます。「今日は14時に中央線で新宿駅に移動する」「ではその間にこの仕事をしよう」「駅から訪問先へ向かうタクシーの中ではこの仕事を」。**普通の人は、目の前にある仕事を、目についた順にやろうとする。**必然的に行き当たりばったりになり、無駄が増えてしまう。立っていてもできる仕事は電車の中でやればいいし、腰を落ち着けないとできない仕事は会社の机の上や新幹線車中、カフェでやればいい。メリハリをつけないと、質の高い仕事を、しかも量をこなすなんて到底できません。

普通に出社して、普通に仕事するだけでは、あなたも、あなたの同期もおおむね同じペースで成長していくことになる。それではあなたが同期に先駆けて出世するのは難しい。自差をつけたいならば、移動時間をどう有効活用するかを考え、実行してごらんなさい。自宅との往復や得意先回りなどで、あなたは毎日1~2時間くらいを移動に充てているでしょう。これは決して短い時間ではありません。それを半年、1年と積み重ねていけば、やがて大きな実りがもたらされます。

【育てる】

――仕事をできるだけ細分化して、一つひとつできるようにさせること

早く一人前にしようと思ってあれこれさせるのではなく、わからないこと、知らないことを教えてあげて、待っていればよい。訳もわからずやっている仕事ほど、つまらないものはない。自分で理解して積極的に動き出すと、楽しくなる。部下を長い目で見て待っているのも、上司のつらい仕事のひとつです。テクニックでは育たない。育てる心が大切です。

管理職に大切な仕事がふたつあります。ひとつは、なんといっても業績を上げること。もうひとつは、まさに本項のテーマである、部下に仕事を教え、現場で手取り足取り手間をかけて、業績向上に寄与する人材に「育てる」ことです。**管理職の器は、「部下をどれだけ優秀な人材に育て上げたか」によって評価されます。**

人材教育は、ちゃんとやっている。あなたはそう言うかもしれないが、ここで是非とも心しておくべきは、人間の――、とりわけ若い部下の――、キャパシティは、体験・経験不足で想像以上に狭いです。だから「あれも、これも」と大量に詰め込むといっぱいいっぱいになって、せっかく教えたことがなんの役にも立たなくなる。

それは、部下にとっては不幸ですが、教える管理職にとっても不本意なことに違いありません。「ちゃんと教えたのになぜできないんだ」「あれほど言ったのにどうして覚えない

んだ」。このストレスはけっして小さなものではありません。

部下には、最初は量を与えないことです。私が管理職のころは、新人を現場に連れて行けば、最初のお客様5軒に関しては「私の仕事を見ておきなさい」と指示するだけ。もちろん「見て盗め」とか、そんな高度なことは要求していません。そして6~10軒目は「こんにちは」と挨拶だけさせる。

それができるようになったら、次は「ありがとうございました」を加えて5軒言わせる。そして「マットを敷きなさい」。それが5軒できたら「畳んで片づけなさい」。さらに5軒同じ作業ができたら領収書を渡して「これでお金をもらいなさい」。びっくりするくらい遠回りです。でも、これくらいでいいです。**「育てる」は「仕事をできるだけ細分化して真似をさせる」こと**です。

もうひとつ私が心がけていたのが「よく褒（ほ）める」こと。挨拶ができれば「よく声が出てるねえ」。マットの交換ができれば「動きが機敏だねえ」。集金ができれば「細かい計算を間違わなくて偉いねえ」。1日の仕事が終われば「これまでの新人の中でできみが一番だ」。もちろん大嘘です。でも、その気になって頑張ればいい。本人はそれが嘘だと判断できる方法はないし、なにより人は褒められたときに「より育つ」からです。

【洗車】

――予期せぬ「突発的事項」に対応できるよう訓練する絶好の機会

雨の翌日に行なうことで、クレームやイレギュラー対応の訓練になる。

わが社は、クレームに対してはなにをさておいてもスピード対応する方針です。とにかく、お客様からお叱りを受けたら、いまやっている仕事は、重要なものであっても全部中止しなさい。そして即座に、関係者全員で動いて解決に当たりなさい……です。

では、わが社の社員はそれができるのか、というと「できません」。**方針があることと、現場の社員がその方針の通りに動けることとは、まったく別の問題です。**

そもそもそれは俺の起こしたクレームではないとか、自分の商談の予定を優先させるとか、どうしてもこれだけは終わらせておかないと自分の成績に支障が出るとかいった思惑があって、この「即座に」を「全員」ができない。人間は本質において保守的なもので、ルーティンを崩されたくないし、新しいことはしたくないし、イレギュラーなことに対応するのは抵抗がある。

こうした人間の本性に打ち勝ち、クレーム対応させるには、普段からの訓練が必要になります。それが「雨の翌日の洗車」になります。

どうして洗車がクレーム対応の訓練になるのか。それは、雨が降るのもお客様からクレームが寄せられるのも「突発的事項」である点で同じです。

わが社の環境整備は毎朝30分、だれが・なにを・どこをやるかの計画が1カ月前から決まっている。そこに突然「今日は車についた泥や水垢をきれいに掃除する」ことになればどうなるか。

当然、混乱はするでしょう。「計画はどうなるんだ」とか「環境整備点検に間に合うだろうか」とかと決断ができずグズグズすることもあるでしょう。しかし、こうしたことを一旦脇において（イレギュラーである）洗車に取りかかるのは、そのままクレーム発生→対応→解決のプロセスに重なります。

このプロセスは、頭の中でシミュレートするだけでは、なかなか実行できません。頭の中にあるだけでは、具体的な形を伴っているとは言えないからです。

頭で考える「できるだろう」を本当に実行できて、なおかつ成果が出せるのは、ごく一部のエリートだけ。それなりの人材しかいない中小企業は、肉体的な作業を伴う訓練によって「できるだろう」を「できる」にするしかありません。仕事は頭で覚えるのではなく身体に覚え込ませることです。

【動機は不純が正しい】

――世俗的・通俗的なものへの執着が成果につながっていく

お金のために方針に従う。方針に従うことが、結果の正しさを追求することになる。結果を出すためにお客様目線になる。

「伸びる」人には共通する特徴があります。**不純な動機を持っていること**です。

不純な動機とはなにか。それは、「贅沢な暮らしがしたいから給料を増やしたい」とか、「彼女にプロポーズしたいけれど、平社員のままだと体面が悪いから課長になりたい」とかいったことです。はっきり言えば富や名誉、色気など、**世俗的・通俗的なものへの欲求や執着**ですね。そういうものがある人はやはり出世も昇給も早い。「こうしたい」「こうでありたい」「これがほしい」と目的が明確になっていれば、そこから逆算して「いましなければならないこと」も把握(はあく)しやすくなるからです。

「草食系」なんて言葉が認知されて久しい今日このごろですが、最近の若い社員は無欲というのか、お金にも出世にも大きな興味がなく、あまりがつがつしないタイプが増えています。そういう人たちは揃って真面目で、また資質も優秀ですが、なにしろ頑張ろう、成果を出そうというモチベーションが希薄ですから「伸びる」には時間がかかります。私はいつも、不純な動機を持ちなさい、いや不純な動機のあることが仕事のモチベーションアップになると部下に教えています。

「動機は不純が正しい」と言うと、眉をひそめるかたがいます。いや、神聖なる職場に不純な動機などあってはならぬ。優れた精神と使命感によってモチベーションは維持されるべきである。理念はその通り。でもそんな聖人か求道者のような生きかたは、われわれ凡人には不可能です。不可能なことを無理矢理やったって、くたびれて終わるだけです。いいじゃないですか、動機なんか不純だって。それが反社会的な動機ならともかく、**お金がほしいとか、恋人にいいところを見せたいなら普通のこと**ではありませんか。不純な動機でも、それで頑張って結果を出せば、昇給・昇進という「清い結果」に至るからなんの問題もありません。

私は65歳までは、3度の飯より飲む・打つ・買うが好きな経営者ですが、それでも銀行に行けば喜んでお金を貸していただけて、セミナーを開けば満員御礼です。それは私が「数字」をきちんと出しているから。もし逆に、仏様のような人格者で、しかし会社は万年赤字だったらどうか。銀行からは門前払いされるでしょうし、セミナーを開いてもだれも来ないでしょう。

実社会にあっては、動機はどうでもいいです。ただ「数字」がものをいう世界です。**結果を出せる人が人格者**です。

【評価】――まぐれで取ったA評価は長続きしない。不運で取ったC評価も続かない

これだという物差しはない。時間がたてば変わる。変わらないのは、一番とビリが入れ替わらないということだけです。常に確認と軌道修正を行なう。

社員評価に、これといった絶対的な物差しはありません。学校の入学試験と同じく、常に「水もの」です。たまたま運がよくてA評価を取る人もいます。あなたはそれをズルいと思うでしょう。その人は得をしたのかと言えばそうではありません。そのA評価は実力でもぎ取ったものではないので、次にはC評価・D評価に落ちるからです。

まぐれで取ったA評価が長続きすることは、絶対にありません。同様に、**たまたまの不運で取ったC評価・D評価が続くことも絶対にありません。**

以前、こんなことがありました。成績はまったく申し分がなくて、だれからも「S評価間違いなし」と思われていた優秀な社員Nが、「経営計画書と評価シートを紛失した」という1点の過ちでD評価になってしまった。それは、たまたま「経営計画書を紛失は始末書、評価シートの点数はゼロにする」ルールがあったためです。

評価とはそんなものです。彼はそれを理解していたから、次期は頑張って、期待通りにS評価を取りました。現在は本部長です。

私の見るところ、若いうちはC評価・D評価を連発していた社員のほうがよく成長し、また出世します。これには条件があって、本意でなく低い評価を取っても「なにくそ」と発奮できる人であることです。

その意味で一番有望なのは、頑張っていい成績を上げていたにもかかわらず、直前でたまたま大口のお客様を獲得した別の社員にトップを取られて、「運悪く」A評価になり損ねた人です。**悔しさは、成長のための最良の推進剤です。**わが社で部長以上の職責にある社員は例外なくC評価・D評価を、なんならE評価だって普通に取って、更迭や賞与大幅減などの憂き目を見ています。

そういう塩辛い涙を飲む経験をしていないと、人の上に立つ器は育たないです。「無事是名馬」でオールBで通してきた人はどうも頼りないというか、帯に短し襷に長しで、どうにもポストにつけづらい感じが常にあります。

私が特に若いビジネスパーソンに申し上げたいのは、一度や二度のA評価で天狗になってはいけないし、同様に一度や二度のC評価、D評価で腐ってもいけない、です。いいときは長くは続かない。**取り返すチャンスは常にある。**そう考えて自己研鑽を怠らない人が最終的には勝ちます。

【部下の面倒を見る】

——管理職の器は「どれだけ優秀な人材を育てたか」で計られる

新人や後輩を育てたことを高く評価する。

社長が本部長以上の社員に期待していること。それは1も2もなく業績……、ですが、実はもうひとつ業績と同じくらいに期待していることがあります。もう「あえて言うまでもない」ですね、部下をしっかり育てることです。

業績より、部下を教育することをより重視する社長は少ないです。管理職がその年上げた業績は、今年〜来年までのもの。ところが、**育てた部下はその先10年、20年にわたる財産になる。**

では社長は「部下を育てた」かどうかをいったいどうやって判断するのでしょうか。

簡単です。**「A評価を取らせた部下は何名いるか」**です。1名よりは3名、3名よりは5名の部下にA評価を取らせた管理職が、能力を引き出して育てるのが上手な人として讃えられることになる。商品知識を教え、新規契約を取らせようが、とにかくA評価を取らせることができなければ「部下を育てた」とは言わない。わが社はA評価を取らなければ職責は上がりません。部下を鍛え、出世させるのが善き管理職です。

部下を育てられない管理職にどういう傾向があるかというと、まず八方美人なタイプが多い。3名の部下を持つ管理職がいる。彼はこの3名にA・B・Cと評価をつけることになるが、わが社のルール上、A評価は原則として複数名に与えることはできない。すると彼はどうするか。部下に気に入られたいから全員をB評価にしてしまう（これ自体はルール上、問題はありません）。

みんなで仲よく一直線でゴールイン、めでたしめでたし……、とはもちろんなりません。まず、先述したように部下はA評価を取らなければ上に行けない。平たく言えば、出世できなくなる。わが社の賞与評価の仕組みとして、3名全員がB評価よりも、A・B・Cとばらけていたほうが（＝A評価がいたほうが）配分される額は多くなる。

つまり、**部下からは嫌われようが、うっとうしく思われようが、断固として差をつける管理職が本当に善き管理職**です。ロボットではないのだから、普通の人が普通の仕事をしたら、3名がまったく同じ評価になることはありません。**頑張っている部下の頑張りを認め、公正なる依怙贔屓（えこひいき）をする（＝A評価を与える）もまた善き管理職と言えます。**

もうひとつ、部下を育てられない管理職は、なにかと言えば「まんべんなく」教育する傾向があります。しかし人材は、一対nではなかなか育たないものです。だから「今年前半期はAくん」「後半はBくん」という具合に、一人に集中して教育する。**「まんべんなく」は、実は面倒見の良くない管理職**です。

【部下指導】——新生児を育てる親のような気持ちで接する

部下が上司の説明をわかると思ったら大間違いです。なにもわかってないので、部下目線で解説し続ける。できたらとにかく褒める。

社長が管理職に期待していることのひとつに、「部下の教育」があります。とにかく、この箸にも棒にもかからない人材を鍛え上げてほしい。利益の出せる人材に仕立ててあげてほしい……。

部下が一人前に成長するのは管理職としてもメリットのあることで、だから彼らもあれやこれやと教育を施す。しかし管理職は、ややもすれば「この程度のことはわかるだろう」「これくらいのことはできるだろう」の感覚で部下に接してしまう。

これは悲劇的なことです。なぜならば**部下は、「この程度のことすらわからない」「これくらいのことすらできない」人材**です。教わったことは、右の耳から入ったらそのまま左の耳に抜けていく。管理職は「何度教えたらわかるんだ」とストレスを溜める。部下は（本人の感覚からすれば）いわれのないことでガミガミ言われて職場が嫌になる……。この攻防、どちらが悪いのかと言えば、管理職です。**「部下とはそういうものだ」とわきまえずに接した管理職が悪い。**

部下がいったいどれくらい「わからない」「できない」か。私は時々、若い社員と一緒にパチンコに行きました。これは遊びではなく至って真面目な研修で、「仕事も遊びも、経験豊富な年長者の教えを守れば7、8割は勝てる」ことを教えるために実施しています（本当です）。私は社員と並んで打ちながら教えます。こういう展開になりタッチと出るが無視しなさい。上皿の球の量は常にこれくらいをキープしなさい。台の上にデジタル表示データはこう読みなさい……。驚くべし、わが社の社員、なにひとつ気にしていません。パチンコでさえそうなら、まして業務上の教育を理解できなくて当然です。パチンコで小山を信用して、嫌々ながら仕方なく実行して結果を出した社員Oは現在本部長です。

部下のモチベーションを上げるには、①固定観念にとらわれない、②結果ばかりでなく、プロセスもチェックする、③部下の話を傾聴する、です。

とにかく教えるときは徹底してレベルを下げる。そして、彼がそれをできたら大げさなくらい褒める。このあたりの機微は**幼な子に接する親と同じ**です。

部下に教育を施すときに大切なのは、なにか教えたら必ず復唱させることです。そうしないと教えたことが彼の頭に入ったかどうかが確認できない。また部下本人も、「復唱」という肉体的な所作が伴うことで、教わったことの定着が（多少は）早くなります。

【部下レコーダー】

――記録を取って使い回せば、やがて有用な教育マニュアルになる

指導の記録を残し、部下の指導に活かすものです。

前ページ、【部下指導】でこう書きました。「右も左もわからない」のが部下だから、教育を施すさいは思い切りレベルを下げなさい。常に部下目線であることを心がけなさい、云々と。それで思い出したことがあったのでお話しします。

私がまだ武蔵野の一管理職だったころは、部下に関する記録をポイントを絞ってノートに記録していました。今日はこんなことを話した。こんなことを教えた。こんなことができるようになった。こんな失敗をした、等々。最初に書くときは確かに骨の折れる作業でしたが、**1年経てば立派な成長記録であり、教育マニュアルになっている。**翌年、異動や新卒で入ってきた新しい部下にはそれを適用してやればいい。

去年のAくんの教育マニュアルは、今年のBさんの教育にも通用するのか？　通用します。基本的には同じ仕事をしているし、そもそも中小企業にいる人材はおおむね「似たり寄ったり」の資質の持ち主です。**Aくんのやる気を引き出したノウハウは、翌年のBさんに対しても有効**です。

AくんとBさんとで細かい違いはある。それは改めて記録しておく。この作業を2年、

3年と続けると、教育マニュアルは精度を増していきます。私が入社以来、異例のスピードで出世できた理由のひとつは、充実した教育マニュアルによって効率的・効果的な人材育成が可能になり、それで大きく業績を伸ばすことができたからです。

よく「情報を制するものが戦いを制する」と言われて、情報を集めること自体はどこの会社や個人もわりと熱心にやります。ところが情報は、集めることが目的であってはいけない。**集めた情報を活用して成果につなげることが大切**です。

そしてもっと大切なことがあります。**成果につながったことを使い回して、次回以降はもっと楽に成果を上げること**です。実は、私がやっていることはほとんどそれです。管理職時代にやっていた教育マニュアルづくりはもちろんですが、現在の経営サポート事業部でのビジネスモデルもそう。A社に経営指導をして成果が出て報酬を頂戴する。ここまでは普通ですが、私はその指導ノウハウを「使い回し」して、B社・C社に売っている。D社の会社訪問に行って優れているところを見つけたら、やはり「使い回し」してE社・F社にその内容を売る……。

「使い回し」というと、語感的にはなんとなく悪いイメージがあります。ですが、必要があるたびにゼロから作っていたら大変です。見落としも出てくるでしょう。**使い回すから中身は洗練され、確実なものになっていきます。**

【夢の共有】

――利害関係のない管理職に感化され自分の言葉に説得され、士気を保つ

管理職と一般社員が半期に一度、直属以外の人と利害関係なくサシ飲みを通して将来を語る場。評価をつける直属上司には言えない悩みを聞く。ストレスが減り、離職率が低くなる。二次会は禁止。

私がわが社の管理職に「業務上のことはもとより、プライベートでも相談に乗ってやりなさい」と指示しています。近年はプライベートに踏み込まれたくない若い社員も増えていますが、だから私生活の相談を受けられるようになれば、これは心強い「武器」になります。それだけ強い信頼関係――、共感の情を抱きあい、互いに肯定しあう人間関係――、で結ばれているからです。

一般社員がなにかしら悩みごとを抱えているとき、それを受け止めて相談に乗ってやるのは（一義的には）直属の管理職の役目です。ところが人間とはなかなか難しいもので、**「距離が近いゆえに相談できない」ことが往々にしてある。**単純な話、その管理職に対する不満は、直接本人には言いづらいです。あるいは「隣席の○○さんとそりが合わない」不満も、近しい人には気を遣って控えることかもしれません。

そこでわが社では、直属の上司ではない別の管理職と（つまり、直接的な利害関係のな

い職責上位者と）一般社員とが半期に一度、一緒に酒を飲みながら飲食する機会を持たせることにしています。

別部門の管理職とサシ飲みをすることがどうして「夢の共有」なのか。この飲食時、自己開示シートを使って自己紹介させた後に必ず夢を語らせているからです。「夢」といっても大げさなものではありません。3年後、5年後、自分はどうなっていたいのかとか、そんな感じ。すると彼は「係長くらいにはなっていたいですね」とか「ボーナスはこれくらいほしい」とか言います。となればしめたもので、「じゃあ仕事を頑張らなくちゃ」と話をつなぐことができる。目標が「係長」「ボーナス」と具体的なので、アドバイスもまた具体的にできる。それは当然、本人のモチベーションを高く維持させることになる。

よく言われることですが、**人は、他人に説得されることを好まない。「自分の言葉に説得されたい」**です。このように夢を語らせ、かつ共有することによって人は少しずつ行動が変わっていきます。もちろん、直属の上司には言えない悩みもよく傾聴します。人は、悩みを話すだけでもだいぶ気持ちは楽になるものだし、気持ちが楽になればストレスも減る。会社へのロイヤリティも高まる。

わが社の離職率の低さについては多くのかたから驚かれるが、わが社はこの人材難時代、「なるべく辞めさせない」ための工夫をあの手この手でしています。

【×】——×がつくことに気づかない感性の鈍さこそが本当に×

環境整備点検で、自分たちの気づきが足りないことを伝える。床にゴミが落ちているからバツではなく、落ちていることに気づけないからバツ。自分の行動を変える気づきが大切です。

わが社は全部門・全支店が4週に一度、環境整備点検を受けます。例外はありません。環境整備点検は社長以下、課長職までの社員が当番制で行ないます。ここで注意しているのは、自由にチェックしないこと。点検担当者の個人的な好き嫌いで採点されたら、スタッフのモチベーションに悪影響が出ます。そのために使っているのが、21の点検項目を記したチェックシートです。ここに記載のない項目は一切問わない。点検時、たとえば窓が割れていて、見ばえ上（防犯上も）よろしくない状態になっていても、チェックシートに「窓が割れていないこと」の項目はないので不問、減点にはならない（もちろん「今週中に直しなさい」と注意はします）。

21の点検項目は、○か×かで記入していきます。5点か0点かで、中間点がない。そのせいなのか、点検担当者は×をつけるのを避ける傾向があります。環境整備点検の結果は評価に大きく影響するので、ある種の仲間意識が働くのでしょう、辛い評価を下すのに抵抗があるようです。あるいは「ここで✕をつけて恨まれたくない」とか、「いずれ自部門が点検を受ける側になる。そのときに手加減してほしい」みたいな下心もあるのかもしれない。気持ちはわかるが、全体最適の見地からすればやはり「困ったこと」です。環境整備は、組織力強化の根幹です。

点検項目の中には「フロアがきれいであること」という内容の1文がある。この「きれい」がどれほどのレベルかというと、「髪の毛一本でも落ちていては駄目」。わが社は女性の割合が多い会社で、なにもしてなくたって髪の毛は常に落ちます。でもそれは減点対象、✕です。世に環境整備と同種の取り組みをやっている会社はたくさんありますが、これほどの厳密さで取り組んでいるところはそう多くはない。

勘違いしないでほしいのは、「髪の毛が落ちていたから✕」ではない。**髪の毛が落ちていた、そのことに気づく感性がなかったことが✕**です。それを教えるのが環境整備です。「髪の毛1本でも落ちていては駄目」だし、髪の毛1本でも落ちていることに「気づいて」、そして「指摘できなければ」駄目です。

環境整備点検で小山の担当は、①目線の高さを合わせて挨拶をする、②個人差の出やすい清潔、③全体の印象、です。窓が割れていたかはこの項目で採点します。

【うわすべり】——新人は大人に見えて大人ではない。「赤児(あかご)も同然」と思って指導する

上司が新しい部下に対して、このくらいはできるだろうと思うことです。できないだろうと思うことでも、チェックリストを使いながら指導する。

人材、わけても新卒社員・中途社員のルーキーを教育するときに陥りがちなあやまちは、つい「このくらいはできるだろう」「この程度なら知っているだろう」の思い込みで接してしまうことです。これは、彼の成長にとって良くないのはもちろんのこと、あなたにも要らぬストレスが溜まっていくだけになるから、是非とも改めてください。目の前にいるのは一見、大人ですが、実は**右も左もわからない赤児も同然の人**、という前提に立って指導してください。

もうひとつ、人材教育が「うわすべり」にならないようにするためには、**チェックリストを用意しておく**こと。「Aくんは、この項目は習得している」「Bくんはこの項目はまだ教えない」という具合に、指導者がひとつ残らずリストと照合してチェックをしなければいけません。

あなたは出張に行って、現地に着いたとたんに「資料を持ってこなかった」とか「着替えを忘れていた」とかに気づいて困った経験がおありでしょう。それは、持っていくもの・

用意しておくもののチェックリストをつくらなかったからです。頭の中だけで「よしＯＫ」なんて軽く考えていると必ず抜けや漏れが出ます。

資料ならファックスやメールで送ってもらうこともできますし、着替えなら現地でも調達は容易ですが、こと**教育に抜け・漏れがあるのは許されない**ことです。だって彼は、やがて組織の未来を担（にな）ってもらわなくてはならない人材です。

チェックリストを元に新人教育をする組織は、実はそう多くはありません。なぜリストをつくらないのか。ひとつには「面倒くさい」からです。それは、「わが社には系統だった人材教育のシステムがありません」という宣言に他ならず、そのままにしていい話ではない。あるいは、こんな理由もあるかもしれない。社会人の教育、特にＯＪＴ（On the Job Training）は場面に応じて弾力的に行なわざるを得ないことも多々あり、チェックリストみたいなものにはなじまない、と。一見もっともらしいですが、これは教育が自分勝手になる・教える人次第になる可能性を排除できず、新人はストレスを溜めるばかりです。

私が思うに、一番上手にチェックリストを活用しているのは自動車教習所です。教官が毎回変わっても、生徒の進捗具合はチェックリスト1枚で一目瞭然。どの教官も同じ指導ができます。組織における人材教育もそういう体制を整えておくことが大切です。

【ノイローゼ】 ——ストレスをかけ、ストレスの「いなしかた」を教える

小さなストレスを与えることで、ストレス耐性をつけさせる。身のまわりで使わないものを捨てさせ、整頓を徹底させる。このストレスでもメンタルを鍛えるのに役立つ。身辺がきれいになること自体、心が整う。

子どもとゲームをするとき、手心を加えてわざと負ける親がいます。子どもの喜ぶ顔が見たいお気持ちもわかるが、私は幼かった頃の自分の娘に対しては断じてそういうことはしなかった。トランプも、将棋も、あらゆるゲームで徹底的に勝った。当然、負けて悔しい娘は大泣きをする。そしてその都度、私は妻に叱られたものです。「あなた！　なんて大人げないことするの！」「娘を泣かせてなにが楽しいの！」。ですが私は、徹底して勝つことが娘のためと信じていたから、妻の叱責に耳を貸すことはありませんでした。

なにが言いたいかと申しますと、**子どものうちから小さなストレスを体験しておくのはとても重要**なことです。挫折とか、敗北とか、失意とか、そういったマイナス的なものを経験しないままでいると、大人になって自分で乗り越えることができる困難に見舞われたときにあっさり諦めてしまう。そして心を病む。私は親心で——、心を鬼にして勝っていた。オセロは四角を取らせて引き分けはあったが、一度も負けたことがない。ゲームは

「小さなストレスを体験」させる意味では理想的です。遊びで、負けても大けがをしません。体力ならその後10年以上は親には敵わないが、頭脳や慣れ、定石がものをいうゲームなら、研究や練習をすれば子が親に勝てる。**娘が高校生の頃には、私はトランプではコテンパンにやられました。**

これと同じことが社員、新卒入社の社員に対しても言える。２３６ページ、【内定者】の項で、「初めて新卒社員が入ってきたのが嬉しくて、甘やかしていたら全員辞めた」という話があります。これは、ストレスフリーな内定者時代を過ごしてきたのちに、いきなりストレスフルな現場に投入したのが悪かった。社会とは、良くも悪くも不条理で充ち満ちていて、やはり**内定から入社までの期間というのはその不条理に身体と精神とを順応させるための準備期間**です。

気をつけなくてはいけないのは、内定者・新卒社員のストレス耐性は年々レベル低下していることです。ではどうするか？　希釈したストレスを与えるしかない。

え？　小山にしてはずいぶん甘いなですって？　仕方ないじゃないですか、そういう世の中になったのだから。**いまの新卒社員をストレス耐性も弱く育てたのは私たち大人です。**であれば新人はストレスに弱いのが正しいし、それを迎える私たちはストレスのレベルを下げて対応するのが正しいです。

【会社】――成果が上げられないのなら、いっそ出社してくれないほうがいいところ

働くところではない。方針を実施して実績を上げるところです。

若い社員に「会社はなにをするところだと思いますか」と質問してください。十中八、九「仕事をするところです」と答えます。彼は若く未熟で、会社のなんたるかを理解していないからです。

会社は、仕事をするところではありません。社長の方針を実行して、成果を出すところです。極端な話、仕事「だけ」しに来て成果が上げられないのなら、出社しないほうがいい。交通費や光熱費がそれだけ浮きますから。

若い、つまりは未熟な社員が「仕事をするところです」と答えるのは、しかたがありません。ですがもしあなたが、入社5年、10年と経った中堅社員でなお同じように考えているとすれば深刻です。是非とも改めてください。

ここで告白すると、私自身、社会人になりたてのころは「出社して作業する」ことが「働く」ことと信じて疑っていませんでした。学生時代は製造業でアルバイトをしていて、一定の時間、機械の前に立って目視していれば製品ができる経験があったので、「出社＝仕事」と、なおさらそう思っていた。給料は、社長が支払ってくれるもので、お客様が支払って

くださる考えはゼロです。

ところが、学校を卒業してサービス業の会社に入社して、自分の誤りに気づきました。だって一定時間、配達用の車の前に立っていて、それでなにか生産的なことがあるかといえば一切ないです。

そこでようやく私も悟った。世の中にはふたつのタイプの会社があるのだ。出勤すれば成果が出る会社と、自分でアクションを起こさなければ成果が出ない会社。そして自分が入社したのは後者だ、と。いささか遅まきながらの理解でしたが、それでもそう気づいて、以後の私のアクションは確実に変わり、それが今日までの私につながっている。

会社は仕事をするところではない。成果を出すところです。そのことを部下に理解させたら、ではどのようにしたら成果が出せるのかを教えるのは上司の仕事です。具体的には、「なにをするか」という目的を明確にし、作業工程を教え、実際にやらせ、チェックをすることです。

部下が仕事がうまくできないのは、上司のチェックがおろそかだからです。「教えればちゃんとできる」と思うのは間違い。作業工程の要所要所できちんとチェックして、間違いがあればその都度指導する。最初から「この部下はなにもできない」、「この部下は必ず間違う」という前提でいなければ、成果にはつながりません。

【仕事に人をつける】
――仕事の属人化を排することが経営の安全性を高める

人事異動の文化か、長期有給休暇9日間の制度があるとできる。マニュアル・チェックリスト等がしっかりしてくる。

武蔵野は業務の標準化・マニュアル化が高度に進んでいる会社です。それがなにを意味するかと言えば、わが社は「この仕事はAさんでなくてはできない」「あの業務はBさんでないと回せない」というものが少なくない。**仕事の属人化をなくしている。**社員のだれもが、いつでも、どの仕事でも支障なくこなせる。

私はこれを「仕事に人をつける」と表現します。特定個人の資質に依存しない組織運営ができることがどれだけ経営の安全性を高めるか。それはもうご説明するまでもないです。

多くの社長が「人に仕事をつける」をやりたがります。「仕事に人をつける」が実現できない理由は、管理職にいつも同じ仕事をさせているからです。

管理職でベテランになれば、通常業務・日常業務の類は自分でやってはいけません。その仕事は積極的に部下に渡して、仕事を覚えさせなくてはいけない。ところが多くの管理職は、心配性で「まだこんなひよっ子には任せられない」と考えて、自分でやってしまう。当然、部下は仕事を覚えられない。だからいつまでも「仕事に人をつける」ができない……。ならば、**強制的に管理職を仕事から引き離す仕組みが必要**です。わが社の「長期有給休暇9日間の制度」は、まさにそれです。繁忙期でも断固として管理職を連続して休ませる、これが業務の標準化やマニュアル化を推進させた。いまは社員も5日間の連続休暇をとらせています。

管理職の休暇中、部下が仕事で失敗してクレームが発生したり業績が落ちたりすれば、当然それは「管理不行き届き」となって本人の評価が下がる。わが社は、評価点がほんの数ポイント違うだけで賞与の支給額が数十万円の差が出ることが珍しくない。管理職は自分の賞与が減るのは嫌だから、熱心に業務マニュアルをつくり、また一所懸命に部下を教育する。それで「仕事に人をつける」が少しずつできるようになった。

多くの会社は長く在職すると、パートタイマーの時給が上がります。わが社は長くいても一定の金額でストップします。スキル表があり、ひとつのスキルで人に教えることができるレベルは5点です。自分一人で仕事ができれば3点で、5つのスキルがあり最高の人は25点です。長く在籍してもひとつの仕事しかできない人は5点でスキル点数が低く、1日の給料は低くなる設定です。

1日の給料を高くもらいたいので、多くの人は他の仕事に変わりたがります。これによって、ダブルキャスト、トリプルキャストが実現しました。

【社員教育(二)】——「一斉に」「複数人で」学びを共有させないと無駄になる

本でもセミナーでも、社長一人で勉強していては駄目です。同じ本を読んで、同じセミナーに参加する。社長と社員が学びを共有するから、同じ方向を向いて仕事ができる。社員教育にお金をかけすぎて倒産した会社は1社もない。

私は**「勉強しない社長は駄目社長だが、自分一人だけで勉強している社長はもっと駄目社長」**と言います。社長が勉強するときは、部下と時間と場所とを共有し、**学びを共有すること**です。そうして教育は効果を発揮する。なにも「社長と部下」でなくてもいい。上司と部下、あるいは同僚同士でもいい。教育はすべて複数人に、同時に与える。一人で学んでいいのは学校だけです。

……と、こう私が述べて、以降それで普通の会社が複数名の社員を同時に学ばせるようになるか、残念ながらならないです。その最大の理由はコストです。単純な話、社員複数名をセミナーに派遣すれば、セミナー料金は人数のぶんだけ増える。交通費や宿泊費など各種経費はいうに及ばず、出張扱いになれば手当も発生し、勉強中は会社の仕事はできないので生産性も下がる。しょうがない、一斉に学ばせたいのは山々だが、ここはやはり一人ずつ順ぐりに学んできてもらおう……。事情やお気持ちはよくわかるが、それではやはり教育の効果は大きく落とすことになる。

私が社員を外部セミナーに派遣するときは、できる限り必ず複数名で行かせています。理由はいくつかあります。まず、さぼれなくなる。一人では上司や同僚の目がないから、講師の話を聞き流して居眠りする。わが社の社員は絶対にそうなる。帰社後にアウトプットさせれば、寝ていられない。

もうひとつは、成長が早くなる。「一緒にセミナーに行った彼よりは『できる』社員になりたい」という競争心が働き、本人のモチベーションが向上するからです。

最後のひとつは、いわゆる「揺り戻し」がなくなることです。成長レベルAだった社員がセミナーに行って、A＋になった社員がいたとする。彼が会社に戻ると、すぐにAに戻ってしまう。「朱に交われば赤くなる」のとおりで、彼の周囲はAの社員ばかりだから。ところがA＋になった同僚が少しでもいれば、彼もA＋のままでいられる。

そんなこんなで人材教育は「一斉に」、それが無理なら「ある程度人数をまとめて」行なうのが効率的でシナジー効果が出て、トータルで見たときのコストも安くなる。**目先のお金を惜しんで却って損をすることがあっては本末転倒**です。

人は環境によって成長する。成長する環境がないと、居る気の社員のままです。手間とお金を使い、損得なしに時間をかければ人は育つ。育った社員が財産です。

【社員教育（二）】

――能力よりも価値観を共有できることを重視する

社長の仕事は「お客様に喜ばれ、ライバル企業に嫌われる」社員を育てることです。

人材を育てる。社長にとって最重要のミッションのひとつです。それはだれしも異存のないところですが、ではいったいどういう人材を育てたらいいのでしょうか。

思いつくことはいろいろある。きちんとしたビジネスマナーを会得した人材。自社のビジネスモデルをしっかり理解し、正しく業務が回せる人材。弁舌も巧みに商品やサービスの説明をし、確実に売ってくることのできる人材――。いずれも間違いではないが、どれも「帯に短し襷（たすき）に長し」という感じが私はしていて、本質をずばり突くことができていないもどかしさがずっとあった。

これはけっこう深刻なことです。「どういう人材を育てたらいいのか」が明確な言葉で定義されていなくては、社員教育も薄っぺらい、表面的なもので終わってしまうからです。私は、ビジネスマナーがどうとか、正しく業務が回せるとか、きちんと利益が出せるとか、そういったさまざまなことを全部引っくるめた考え方を見つけたかった。

悩んでいた私は**「お客様に喜ばれ、ライバル企業に嫌われる」**社員に行きついた。ここには、私の求める人物像がいかんなく込められている。利益は「お客様に喜ばれ」た結果で、「お客様に喜ばれ」るとは接客やビジネスマナーもできるようになっていることに他ならない。業務を十分に整っていて理解し、円滑に回すことができるようになれば、それはライバル会社にとっては脅威です。すなわち「嫌われる」……。

そんなわけで私は、お客様に「おたくの社員のAさんは、いつも丁寧で気配りができる」と褒められ、ライバルには「武蔵野のAが来た？」「あのエリアはもう全滅だ」「Aにはマイッタ」と嫌われる、そんな社員をせっせと育ててきた。

ここまで、正直長かったです。つい四半世紀前までは、お客様に喜ばれることはほとんどなかった。ライバルには嫌われていたが、それは「えっ、武蔵野のKが近所を歩いてただと？」「おい、**営業車がイタズラされてないか**確認しとけ」という感じの——、これ、冗談で書いていません——、およそ正々堂々としていない嫌われ方でした。

言うまでもないことですが会社は、お客様に贔屓され過ぎているがゆえにライバルに嫌われる、という形でなくてはいけない。そのためにはなにをすべきか。言うまでもない、お客様のご要望をいち早く、かつ的確に吸い上げ、迅速に対応していく、それができる社員を育てていくことです。

【助言】——部下はあなたの助言の二五パーセントしか実行しない

うるさいと思われても、部下には積極的にアドバイスを行なう。3回に1回くらいヒットが出ると、部下に信用されるようになる。

あなたが管理職なら、日々部下に向かって「ああしなさい」「こうすべきだ」と助言をしていることでしょう。大変いいことです。しかし問題は、当の部下はそれを当たり前のように聞き流していることです。

私が、わが社の一般社員に「上司の言うことをきちんと聞いていますか？」と質問すると、一人の例外もなく「はいっ！」と、いい返事が戻ってきます。「もちろんですよ社長、100％聞いているに決まっているじゃないですか」。ところがその上司に「部下はどれくらい言うことを聞いている？」と質問すると、やや眉間(みけん)に皺(しわ)を寄せて「50％くらいですかね……」と言う。パーセンテージはいきなり半分です。それで私も、さらに話半分に見積もらなくてはなるまいと察しました。**部下は、上司の言うことなんかせいぜい25％くらいしか聞かない**のだ、と。

つまり、**部下に対しては最低でも4回は助言しないと、彼は行動もしないし態度も改め**

ない。管理職はだから、どれほど部下にうるさい、うざいと思われようが、何度でも何回でも教えなくてはいけません。1回言うだけで素直に聞き入れ、実行に移すことのできる社員なんていないのだから。特に、「それなり」の人材しかいない中小企業には。

口酸っぱくして助言を続けているうちに、なにかのはずみで部下が大きな手柄を立てることがあります。「チャンス」です。以後部下は素直に管理職の助言に耳を傾け、実行できるようになるでしょう。もちろん、都合よくチャンスが巡ってこない場合も多々ある。そのときは、部下が仕事をしている「現場」に同行し、仕事を教材に教え、助言を与えることです。**助言の結果、部下が成果を出せば、それは部下の手柄です**。

助言は、相手によって内容や言い回しを変えなければいけません。それは、小学1年生に教えることと、中・高校生、大学生に教えることは違うのと同じです。社会人1年生にはこう、A部門から異動してきた人にはこうという具合に、相手の体験や職責に合わせてあげなければいけない。

人間は、自分に疑問を持つ人のほうが少ないから、つい自分の過去の体験を絶対視して「こうしなさい」と助言してしまう。しかし、言われたほうは体験を持っていないから、なにを指示されているのか理解できない。結果、両者の間に溝が深まるばかり……。このよくある悲劇の責任は管理職です。部下はそういうものだ、とわきまえずに助言をした管理職が悪い。是非とも気をつけてください。

【成功体験】

――「過去のもの」でありこだわってはいけないが、しかし常に必要なもの

失敗したとき、「悔しい」と思えるかどうかが重要な分かれ目。本当に悔しいと思えば、学ぶ。周囲で成果を挙げている人を観察し、その人がやっていることを真似る。そうすれば、成果につながる。

私は「成功体験にいつまでも満足していてはいけない」と社員に教えている。なぜならば**成功体験は基本的に「過去のもの」**。人は、過去に満足した途端にライバルに、同僚に、お客様に、後れを取ってしまう。

成功体験は不要かというと、もちろんそんなことはない。「いつまでも満足していてはいけない」だけであって、成功体験そのものは常に必要です。成功体験がなければ、いつか仕事は惰性になり、本人のモチベーションが失われて、現状に甘えて勉強しなくなる。また会社としても、社員が成功体験を目指さなくては先細りです。

では、成功体験の美酒を味わうためにはどうしたらいいのか。ひとつは、失敗体験をする。そして失敗について悔しいと感じる。なぜ失敗したか振り返りを行ない、原因を記録する。ライバルにお客様を取られて悔しい。同期が先に出世して悔しい……。こういう気持ちになれる人は、なにがなんでも挽回しようとする。あらゆる手を尽くして失地回復を

たくらむ。それが「次」の成功体験につながります。

わが社も最近は優秀な社員が入社しますが、無欲というのか草食系というのか、「悔しい」と感じる心はいささか欠けるきらいは感じます。「馬を水辺まで連れて行くことはできても水を飲ませることはできない」の格言がありますが、いくら素質が優秀でも、本人にその気がなければ成功体験を味わうこともあり得ない。

成功したいと思ったら、もうひとつ実行することがあります。

「わかってるよ。すでに成功している人のやっていることを真似しなさいだろ?」。そう、そのとおりです。「では、具体的にはなにを真似したらいいの?」。答えは「なんでも」です。彼の名刺の差し出しかた、お辞儀のしかた、電話の受け答え、使っているiPhoneのアプリ、セールストーク、とにかく目に映るものすべてをそのまま、素直に真似すればいいです。この**「素直」ができれば、成功体験はもう目の前です**。

成功体験をさせるのに使用した、入社後の社員教育に使用した金額を個人別に可視化させている。社員教育に使ったお金は、研修費・クレーム費用・退職させた人数と募集費にかかった金額等を可視化すると、S常務は9000万円。課長時代に48人の部下を退職させたI部長は当時の募集費で換算すると、6000万円になる。多くの社員は自分に投資された金額を把握(はあく)していない。自分の力で勝手に成長したと勘違いしている。

【宣言】――積極的におおげさに言って、後には引けない状態をつくることが大切

自分で紙に書いて発表しないと守らない。実行できない。

1990年代の初めごろ、私が武蔵野の社長に就任したばかりのころの話です。

そのころ、武蔵野の営業利益はよくて年間3000万円くらいでした。当時のわが社の力量ではそれが限界という感じで、どんなに頑張っても利益は3000万円以上に伸びることはありませんでした。私はそれがどうにも面白くなかった。

ある日、業を煮やした私は全社員に向けてこう宣言しました。「5年後、営業利益を現在の10倍にする」。つまり3億円です。社員は**「ついに社長は気が狂ったのだ」**と思ったに違いありません。しかし私は至って正気、なおかつ本気で、翌年の経営計画書にもはっきりと明記しました。「5年後の営業利益を3億円にする」と。

そしてどうなったか。さすがに「営業利益3億円」のハードルは高く、5年後の実現には至らなかった。しかしあれほど長く足踏みが続いた業績は一転向上を始め、10年後にはついに営業利益3億円達成。以後わが社は順調に業績を伸ばし続けています。

このことからなにが言えるのでしょうか?

いまにして確信するのは、もし私が「営業利益を3億円にしよう」と、「思っている」

だけだったら、10年経とうが20年過ぎようが決して実現はできなかったです。やはり「3億円にする」と宣言したのが良かった。それを経営計画書に記したのはなお良かった。それで目標を達成できた。

と言うと、「宣言したり書いたりするだけで実現なんかするもんか」「なんかオカルトっぽいな」と思われるかたも少なくないでしょう。むろん私とてオカルト的な経営論を述べる気はありません。

私が強調したいのは、**目標を宣言したり書いたりすることで、ある種のマインドセットがなされる**、という点です。

すると、いくつか経営上の選択肢があったとき、無意識のうちにも「目標に到達できるのはどれか」と考えるようになる。最善手を探す習慣が身につく。その積み重ねが少しずつ目標に近づけていく。

日本では自分から積極的に伝えなくても、本物は伝わるみたいなことが幅を利かせていて、ややもすれば夢なり目標なりを明言するのは避ける雰囲気がある。これははっきり書いておきますが**「無言実行」は、まずあり得ません。「有言実行」です**。皆さんは是非とも積極的に会社に、自分に不相応な大きなことを言って、後に引けない状態をつくってください。自らの成長を止めないように心がけてください。

【早朝テープ】

――早朝勉強会が四五分に決まっているのはやむを得ない事情があった

早朝ライブを録画した映像で早朝勉強会をする。

わが社の早朝勉強会は、毎回45分間です。この「45分間」はそれ以上長くも、また短くもならない。必ず45分きっかりで終わります。30分でもなければ1時間でもない。

なぜそうだかわかりますか？ ……いや、理由は他愛もないことです。早朝勉強会はかれこれ30年以上続けているが（「わが社の文化になった」と言ってもいいと思います）、始めた当初は機材の都合で45分までしか録音ができなかった。それでテープが無駄にならないよう「45分」と決めた。

もうひとつ、小学校の授業時間が一単元あたり45分間も念頭にありました。小学生の集中力が続くのが45分なら、小学生と同レベルにすれば、落ちこぼれ集団・武蔵野の社員とて大丈夫だろう、と……。

世の人は、「武蔵野は小山がなんでも適当に決めている」と思っている。「なんでも」とは大げさですが、確かに適当に決めていること「も」あります。でもたいていはそれなりの根拠に基づいて、相応に合理性を追求しながら決めている。

早朝勉強会ですが――、「45分間なら小学校の授業と同じ」「だから社員も集中できるだろう」と考えていた私が大甘でした。なにしろ揃いも揃って遊び好き、とりわけ夜遊びが大好きな社員ばかり（当時は）。だから早朝勉強会でうつらうつらと舟を漕いだりして教えたこともまるで頭に入っていない様子だった。

　そこで、やりかたを改善することに決めました。早朝勉強会のテキストは、拙著『仕事ができる人の心得』です。従来は、ここに収録されているキーワードを番号の順に取り上げていたが、ランダムに解説するようにした。「はい、○○ページのこれ」「次は○○ページのこれ」とやれば、本をめくる肉体的所作がともなう。周囲からもがさがさと音がする。それで居眠りをしていられない。

　また、積極的に社員を指名して回答させるようにもした。「当てられるかもしれない」と思えば軽い緊張感が持てる。そうすれば教えられたことも少しは実になる。また社員がボケて（＝答えられなくて）私がそれに突っ込めば、会場に笑いも生まれる。そうすれば面倒な早朝勉強会も少しは楽しくなる。現在はストレスに弱い社員が増加したから、30分に短縮した。回数重視です。

　人に面倒なことをやらせるには「やらざるを得ない」仕組みをつくるのが大切です。そしてその**仕組みの中には「やるとちょっと楽しくなる」エッセンスを組み込んでおくのがコツ**です。

【駄目上司】 ——部下に嫌がられることを平気でできて一人前の管理職

自分に甘く、他人に厳しい人。最悪なのが、自分に甘く、他人にも甘い人。

「名選手、必ずしも名監督ならず」の有名な格言があります。現役時代のスタープレイヤーも、監督として人を束ねる立場になったらぱっとしないことが多々ある、という意味です。具体的な名前は挙げないが、あの野球選手も、あの名俳優も、監督になって以降は優勝レースからは外れ、評価はさんざん、各種の賞にも漏れ……、という例はいくらでもある（もちろん、例外はあります）。

人間にはふたつのタイプがある。人にいろいろなことを指導できる人と、人に指導はできないけれど自分で仕事ができる人とです。名選手やスタープレイヤーは往々にして後者で、それはビジネスシーンでも同じです。

優秀な営業担当者＝優秀な管理職、では必ずしもありません。平凡な社長は「○○さんは優秀な成績を上げたから管理職にしてあげないと」と考えてしまうが、**管理職に向かない人は、当たり前ですが管理職にしてはいけない**。

では、管理職に向かない人とはどういうタイプか。一言で言えば「部下に嫌な思いをさせられない人」です。部下の仕事ぶりを事細かにチェックしたり、それで進行が遅いと確認すれば追加で指導をしたり、ときには注意をする。こういうことができない人は管理職にしてはいけない。**部下に煙たがられてもためらわずに行動できて1人前の管理職です。**よくいるんです。部下に気に入られたいタイプの管理職は、根は温厚で善良で、長い間叩き上げてようやく管理職になった人が多いように思います。そういうタイプの人は往々にして自分に対しても甘いので、もう本当に最悪です。

冒頭の言を引いて言えば、「自分に甘く他人に厳しい」タイプの管理職ならば、組織は(士気は下がるとしても)まだしも規律を保ちますが、「自分に甘く他人にも甘い」とあっという間に組織が崩れます。部下としては仕事は楽になり人気は高まり、人事の誤りに気づいた社長が更迭（こうてつ）すると強い抵抗がある。もう本当に踏んだり蹴ったりの状態になる。

ベテランで管理職には向かない、という人材はどう扱うべきでしょうか。わが社は部下を持たせず、部下なし部長・次長・課長・係長の待遇です。

会社は、部下を持って仕事がうまくいく人と、部下がいることによって精神的負担が大きく潰れてしまう人がいる。そこを見極めて、各々適切なポジションを与えることは社長の大切な仕事です。

ランチェスター戦略では、右に出る者がいない社員K、セールス研修のトレーナーで、右にいる者がいない社員Tは、部下を持たせると喧嘩ばかりする。そこで部下なしの部長を長くさせました。

【長期有給休暇】

——繁忙期に強制的に休ませられるから管理職は部下を教育する

上司の仕事を代行して、部下が無理やり育つ期間です。上司の月末から月初にかけて連続9日間休む。休む日程は会社が指定する。休暇中は出社してはいけない（始末書）。お客様に電話やメールは可。部下の成長の場を強制的につくる仕組みです。

216ページ、【仕事に人をつける】の項で、「管理職に連続9日間の休暇を取らせることで、業務の標準化・マニュアル化が進む」という内容の話をしました。休暇中に部下に仕事を任せて、それで業績が下がったら管理職の責任が問われる。更迭（こうてつ）や賞与の大幅減などのペナルティを受けることにもなりかねない。かかる事態を避けるためには、管理職は日ごろから部下をみっちり教育して、自分が不在でも業務がきちんと回るようにしておく必要がある——、と。本項ではこの件に関して、もう少し詳しく解説してみます。

有給休暇を取らせるのは、月末から月初にかけての9日間です。一般社員も有給休暇を5日間取らせるが、月末月初にこだわってはいません。会社は月末月初が一番忙しい。給与計算、売掛金の回収チェック、倉庫の棚卸……。そんなてんやわんやな時期を部下にミスなく乗り越えさせなければならないと思えば、管理職もおのずと指導が違ってくる。

この長期有給休暇の取得時期に関して、管理職の「毎年3月の月末にしてほしい」といった要望は受けません。すべて割振担当の一存で一方的に決められる。**部下の教育・業務の標準化といった仕事は、急にできるものでない**。事前に発表することで、管理職の「いつの時期に長期有給休暇を取らされるかわからない」の不満を解消する。そうすれば普段から部下を育成することを心がけるようになるでしょう。

部下だけで仕事を回せる状態をつくることが長期有給休暇の目的で、休暇中の管理職は、会社に来させない・業務にタッチさせないことがなにより重要になります。

もうひとつ長期有給休暇がいいのは、管理職に「自分の仕事は定期的に部下にチェックされる」意識を持たせることができる点です。その意識があれば不正もしにくくなる。

9日間の長期有給休暇はハードルが高いです。毎日家族と一緒にいるのは嬉しいが、慣れない生活のため苦痛になる社員もいます。長期有給休暇明けの初日はどの社員も朝スキップして会社に出社します。家に残った奥さんは旦那が出社してやれやれと羽を伸ばします。以前は長期有給休暇中に他の社員と交流をしてはいけないとルールがありました。その後、社員からの要望で社員同士の交流はしても良いとした。社員の声を聞いて改善したのは長期有給休暇を係長以上が9日間、一般社員が2日間と大幅(2024年)に変更した。これにより社員の過半数が9日間の休暇です。

【独自能力】

――ＰＤＣＬＡを回すことで育っていく。一番大切なのはＣ（Check）

「手帳型経営計画書」を道具として活用し、事業部とチームの戦略や目的・方針等を未来対応型問題解決シートを使ってそれぞれの実行計画書に落とし込み、ＰＤＣＬＡサイクルを回すことによってボトムアップの企業文化・企業本質を強化する。

社員の独自能力は、どうすれば育てることができるか。ひとつはＰＤＣＬＡサイクルを回すことです。計画を立て（Plan）、実行し（Do）、確認し（Check）、学び（Learn）、行動を起こす（Action）。これを幾度も繰り返すことによって社員は次第に鍛えられていく。

それは、みな理解している。にもかかわらず大部分の組織で完遂（かんすい）できずにいる。最初のＰとＤを繰り返すだけで、Ｃ以降に進まない。なぜか、面倒だからです。「計画を立てる」「実行する」は、なんとなく「やってる」「頑張っている」感が得られるので、わりと熱心に取り組むことができる。しかし「確認する」は、作業としては地味で、ついなおざりにしてしまう……。

結果、どうなるかというと、必然的に場当たり主義的になります。適当に着手して、成果が出れば「ああ良かった」、失敗すれば「うーん困った」。それで終わり。なにも分析的なことがなく、成功事例を横展開することもない、「行き当たりばったり」の典型。これでは社内に経験値もノウハウも蓄積(ちくせき)できず、まして社員の独自能力も育ちません。

天下に隠れもない落ちこぼれ集団だった武蔵野が辛くも倒産を免れたのは、Cを、チェックを熱心にやっていたからです。人は「自分の仕事はチェックされる」と思うから嫌々ながらも仕事をするし、出来心を抑えることもできる。嫌なことを嫌々ながらやる、やりたいけどやってはいけないことを渋々諦(あきら)める。

これは本当に素晴らしいことです。また経営側の視点からしても、チェックをするから問題点を洗い出すことができる。トライ&エラーの精度が増すので、成功事例の横展開もスムーズになる。チェックによってLとAも容易にできるようになる——**学ばせ(L)、行動を起こさせる(A)ためにはチェック(C)が必須**です。

現在のわが社の特徴を簡単に言うなれば、「全員が、全員の仕事をチェックできる体制になっている」です。それを目指して休むことなく改善を重ねてきた。わが社が落ちこぼれ集団を脱し「強い会社」に生まれ変わることのできたプロセスそのものです。

最後に、わが社の社員の独自能力についてお話ししておきましょう。会社は「売れるか、売れないか」の絶対評価で物事を考える。一方お客様は「A店よりB店のほうが商品がいい」と、常に相対評価で購入を決める。商品なりサービスなりが売れなかったとき、即座にお客様の相対評価へ合わせることができる、それがわが社の社員の独自能力です。

【内定者】——「不条理」「理不尽」に対する耐性をつけてやること

会社の将来を担う重要な人物です。手塩にかけて育てる。甘やかしすぎない。猫かわいがりすると入社してからわがままになる。現場とのギャップに苦しむのは内定者本人です。

わが社が初めて新卒社員を迎えたのは、もう30年も前になるでしょうか。

私はそれがとても嬉しかった。「ようやくわが社も新卒採用ができるようになった」と感慨深かった。既存の先輩社員も同様に思った。だから全員が新卒社員をちやほやした。結果、4年以内に大多数が辞めた。

これは、辞めた新卒社員が悪いよりも、われわれが対応をミスした。ちやほや大切にするのはいいとしても、それが「過剰」の域にまで達すれば、それは社会経験のない新人は増長します。増長を抱えたまま営業現場の第一線——、そこは不条理なことでお客様に怒られたり、理不尽なことで上司に叱られたりする「現実」が待っているところです——、に送り込めば、ギャップが大きくなって辞める。

翌年、新卒2期目もほぼ全滅で、奇蹟的に1名だけ残りました。翌3期、翌々4期も新卒社員は全滅で、5期生は5人残ったが、新卒定着率はパッとしませんでした。

新卒社員の定着率がきわめて悪い問題は私も早々から認識しており、あれこれと試行錯誤を続けたが、それが奏功するのは初の新卒採用から約10年が経過した2003年になってからです。

わが社の2003年新卒入社の社員は「花の○三組」と呼ばれています。メンバー4人があれよあれよという間に部長にスピード出世したからです。これは、いきなり新卒社員のレベルが上がったことではありません。わが社が10年に及ぶ試行錯誤の末に、ようやく「正しく」内定者を扱うことができるようになった。それで新卒社員の定着率が上がり、成長が早くなったのです（もちろん、本人たちの資質も無視はできませんが）。

「正しく」とはなんでしょうか。簡単に言うならこうです。**常に構ってやる。だからといって甘やかさない。最低限の負荷（ストレス）をかけ続けること**です。

なお、リードにある「手塩にかけて」ですが、これは若干正確さを欠く表記で、正確に申せば「アルコールをかけて」です。当時の古参社員Uが、イヤイヤながら採用部長（現役員）になり、毎日のように○三組を、内定者の段階から居酒屋に連れ出していた。飲食は、人間と人間の距離を縮め、心を和ます働きをしてくれます。昨今は、コロナ禍や価値観の変化で、いわゆる「飲みニケーション」もしづらい状況なのは残念ですが……。新卒社員の入社は条件。内定者時代の人間関係に配慮して、前年入社の新卒と内定者の懇親会を行い、不安や疑問に答えたりアドバイスをして心理的安全性を担保している。

著者紹介

小山昇（こやま・のぼる）

株式会社武蔵野代表取締役社長

1948年山梨県生まれ。東京経済大学卒。1976年日本サービスマーチャンダイザー（現・武蔵野）に入社。一時期、独立して自身の会社を経営していたが、1987年に株式会社武蔵野に復帰。1989年より社長に就任。赤字続きだった武蔵野を増収増益、売上75億円（社長就任時の10倍）を超える優良企業に育てる。2001年から同社の経営のしくみを紹介する「経営サポート事業」を展開。現在、750社超の会員企業を指導。450社が過去最高益、倒産企業ゼロとなっているほか、全国の経営者向けに年間240回以上の講演・セミナーを開催している。1999年「電子メッセージング協議会会長賞」、2001年度「経済産業省・大臣表彰」、2004年度、経済産業省が推進する「IT経営百選・最優秀賞」をそれぞれ受賞。2000年度、2010年度には日本で初めて「日本経営品質賞」を2回受賞。2023年「DX認定制度」認定。
本書は、武蔵野でこれまで7000回以上実施してきた「早朝勉強会」を、実況中継方式で初書籍化。成長する会社が朝礼で話していることを明らかにしている。
著書に『1%の社長しか知らない銀行とお金の話』『データを使って利益を最大化する超効率経営』『4万人の社長・幹部がベンチマークしたすごい会社の裏側（バックヤード）！』『小山昇の"実践"ランチェスター戦略』『99%の社長が知らない銀行とお金の話』『無担保で16億円借りる小山昇の"実践"銀行交渉術』（以上、あさ出版）、『「儲かる会社」の心理的安全性』（SBクリエイティブ）、『新版 経営計画は1冊の手帳にまとめなさい』（KADOKAWA）、『改訂3版 仕事ができる人の心得』（CCCメディアハウス）などベスト&ロングセラー多数。

成長する会社の朝礼
組織が変わる212の言葉【下】

〈検印省略〉

2024年 7 月 17 日 第 1 刷発行

著 者――小山 昇（こやま・のぼる）
発行者――田賀井 弘毅
発行所――株式会社あさ出版

〒171-0022 東京都豊島区南池袋 2-9-9 第一池袋ホワイトビル 6F
電 話 03 (3983) 3225（販売）
03 (3983) 3227（編集）
F A X 03 (3983) 3226
U R L http://www.asa21.com/
E-mail info@asa21.com
印刷・製本 文唱堂印刷株式会社

note http://note.com/asapublishing/
facebook http://www.facebook.com/asapublishing
X http://twitter.com/asapublishing

ISBN978-4-86667-690-6 C2034

目次（上巻）

第一章 儲けをつくる言葉

【売り上げ増】――とにかくお客様を増やす。それだけ「優良なお客様」も増える

【ＤＭ】――既存のお客様を繋ぎ止め、過去のお客様を呼び戻すためのツール

【テスト販売】――「なにを、どう売るべきか」をお客様に教えていただく機会

【注文】――訪問回数を増やし、有用な情報を提供する。それで増える

【付加価値】――他のお客様に喜ばれたことを別のお客様にも伝える、それが基本

【非常識】――他の業界でうまくいっていることを自社に取りこめないか、と考えよ

【いい社長・悪い社長】――「やらせる」と決めたら絶対に断行するのがいい社長

【好調】――業績が伸びると人は浮かれる。油断する。そこで落とし穴にはまる

【広く浅く】――リソースに劣る中小企業では絶対にやってはいけないことのひとつ

【自己資本比率】――経営の安全性にほぼ影響しない。とにかく現金を持っておく

【伸びる会社・伸びない会社】――嫌なことを、嫌々ながらも実行するかどうか

【掃除】――ボランティアは強制できない。強制するためには「道理」が必要

【地域戦略】――輸送・移動コストは無視できない大きさ。中小企業は商圏を狭めること

【適正在庫】――大切なのは在庫を蓄えておくことではなく、「売る」こと

【環境整備】――不要なものは捨て、残ったものは整理整頓する。それで劇的に変わる

第二章

意思疎通を良くする言葉

【幹部】——社長の方針をだれよりも早く確実に実行する人

【転記】——教育目的で使うべきもの。実務の現場からはなくしていく

【チェック（一）】——「チェックを受ける」と思わなければ人は仕事をしない

【チェック（二）】——必ずリストをつくる。そうしないとチェックの効果半減

【頑張る】——短期スパンでの目標（計画）を立てておくと頑張りが無駄にならない

【絶対評価】——業績に重責を負っている本部長は絶対評価で、一般社員は相対評価で

【理念】——企業活動の根幹。施策や方針がブレなく決定するために必要になるもの

【分業】——それはプロフェッショナルであることを要求する

【こども会社見学会】——父親の仕事を子どもに見せたい（妻にはもっと見せたい）

【社外研修】——その研修は、自社の価値観にそぐうものであるかどうかに慎重であれ

【小山昇】——小山しかできないことはある。小山でなくとも会社は揺るがない

【お客様情報の共有】——共有する範囲は、原則として「部門内まで」でいい

【社内アセスメント】——A部門で上手くいってることはB・C部門にも共有させる

【政策勉強会】——「良いものはそのまま真似る・盗む」の集大成がここに

【努力文】——些細なことで叱るくらいなら、ペナルティを課したほうが互いのため

【爆弾】——社員宅に感謝やアドバイスを記した葉書を送る。本人のやる気が破裂する

【チーム活動】——社員同士の交流が全方向的に拡がる。組織が強くなる

第三章 ミスを防ぐ言葉

【アマチュア】——どんなに上手にできても、アマチュアのままではお金はもらえない

【前兆】——「細部」を追うことで見えてくる。最善の「次の一手」が打てる

【ダブルチェック】——入念なチェックの目的はただひとつ、仕事の質を向上させるため

【ダブルチェック トリプルチェック】——複数のチェックに晒されることで成長する

【ぬるい】——「温厚」と受け止められることも多いが、結局はだれも幸福にしない

【マニュアル】——入社してきたばかりの新人でも合格点が出せるようにする

【一情報一枚主義】——実行が済めば捨てる。使い回す。そのためにこれが必要

【急ぎ】——事前に準備をして、余裕を蓄えておかないと「急ぐ」ことはできない

【現場一〇〇回】——経営やマネジメントのヒントは現場に埋まっている

【五つの情報】——お客様の相対評価に自社を合わせていくために必要になるもの

【行動】——「まぐれ勝ち」を実力と勘違いしてはいけない。上司の指示を仰げ

【任せる】——裁量の範囲を明確にするためにも、経営計画書を作成したほうがいい

【判断】――自分に都合よく考えてしまうもの。常に上司に助言を仰ぐのが正しい

【不正】――性善説に立っては駄目。あらゆる手段を講じて、社員を犯罪者にしない

【問題】――新しいものから順に片づけていくのが正しい

【良いこと】――中小企業は「良いこと」をしてはいけない。成果の出ることをする

【永続】――経営者はなにがなんでも組織を維持し、雇用を守らなくてはいけない

【単品管理】――売れ行きは「全体」で見てはいけない。単品で把握しないと間違う

【洞察力】――ものごとを広い視野で見る。「部分」を見ていては気づけない

【IT】――デジタル・アナログにはそれぞれ一長一短あり。状況に応じて使い分ける

【パレート分析】――施策を決めるときは、必ず数字や統計学的手法に基づく

【決算書を読む】――決算書は会社の健康診断書、社長の通信簿

【現金】――「売ってなんぼ」ではなく「回収してなんぼ」。ここを間違えると倒産する

【事故報告】――どれほど軽微な事故でも「その場で示談」しては絶対にいけない

【損の道を行くこと】――会社は利益を追求する組織であり、社会の「公器」でもある

【退職届】――「筆跡」によって偽造を防がないと本来的には無効

【定性情報】――必ず固有名詞とセットにする。さもないと間違える

【定量情報】――「その数字が出てきた理由はなにか」まで考えて意思決定をする

【倒産】――八方手を尽くして、決断は早ければ早いほどいい

【粉飾決算】――「赤字だと融資が打ち切られる」は誤り。赤字も黒字もあるのが普通

第四章

チームワークを良くする言葉

【中間報告】――無駄な仕事をしないで済ませるための安全弁

【ほうれんそう】――それがなければ、あなたの仕事は「やってない」と同じ

【ボンクラ】――それは、部下を信用せず、部下に仕事をさせない管理職のこと

【挨拶】――ゼロコスト・ノーリスクで業績を向上させられる手段

【経営理念】――会社の「憲法」で社員の価値観をひとつに

【人が育つ】――未熟な人材を積極的にお客様の前に出して失敗させる

【人件費】――人材教育をしなければ「死に金」になるもの

【長所】――長所がない人はいない。部下の長所を見つけられない管理職は鈍い

【報告が速い】――それができる人を「優秀な人」と呼ぶ

【サシ飲み】――部門内のコミュニケーションが円滑になり、組織が活性化する

【スター】――組織の一員である以上は、スターではなくリーダーを目指すこと

【ドラフト】――新卒の配属先は「上」の思惑によって一方的に決定するのが正しい

【去る者は追いかける】――働いてくれる人を逃さないことが今後の中小企業の生命線

【五月病】――対策を打って社員のモチベーションを維持しないと人材を失う

【人を大切にする】――「大切にしている」という気持ちは、具体的な形にする

【ソリッドボイス】――肉声ゆえに「情緒」が伝わる。真意が伝わる
【つらい】――つらい体験をしないと人に優しくできない。楽しく仕事もできない
【生え抜き】――情実人事で生え抜きを行なうと組織が弱体化しかねない
【ナンバー・ツー】――「組織の実力」を体現する人。心を鬼にして厳しく鍛える
【引き継ぎ】――「仕事ができない人」の後任が「仕事ができる人」になれるわけがない
【子育て】――ワーキングマザーが働きやすい環境は、男性社員にとっても働きやすい
【共働き】――働く女性が高モチベーションを維持するためには全社的協力が必要
【懇親会】――コミュニケーションを円滑にするためのコストは惜しまず払え
【採用基準】――中小企業は草野球のチーム、プロ入りが狙えるような人材は不要
【三定管理】――取り組むことによって心が揃う。心が揃えば高収益体質になる
【振替休日】――家庭の安定なくして良質な仕事もなし。社員は法定通りに休ませる
【前払いできるくん】――二万、三万くらいのお金ならケチケチせずに貸そう
【粗探し】――「完璧な人間」が存在しない以上、相手の欠点をあげつらうのは非建設的
【二・六・二の原則】――四人の社員が辞めるくらいなら組織が健全性である証
【標準化】――定期的に担当者を交代させることで少しずつ揃ってくるもの

★ あさ出版好評既刊 ★

1％の社長しか知らない銀行とお金の話

小山 昇 著

四六判　定価2,750円　⑩

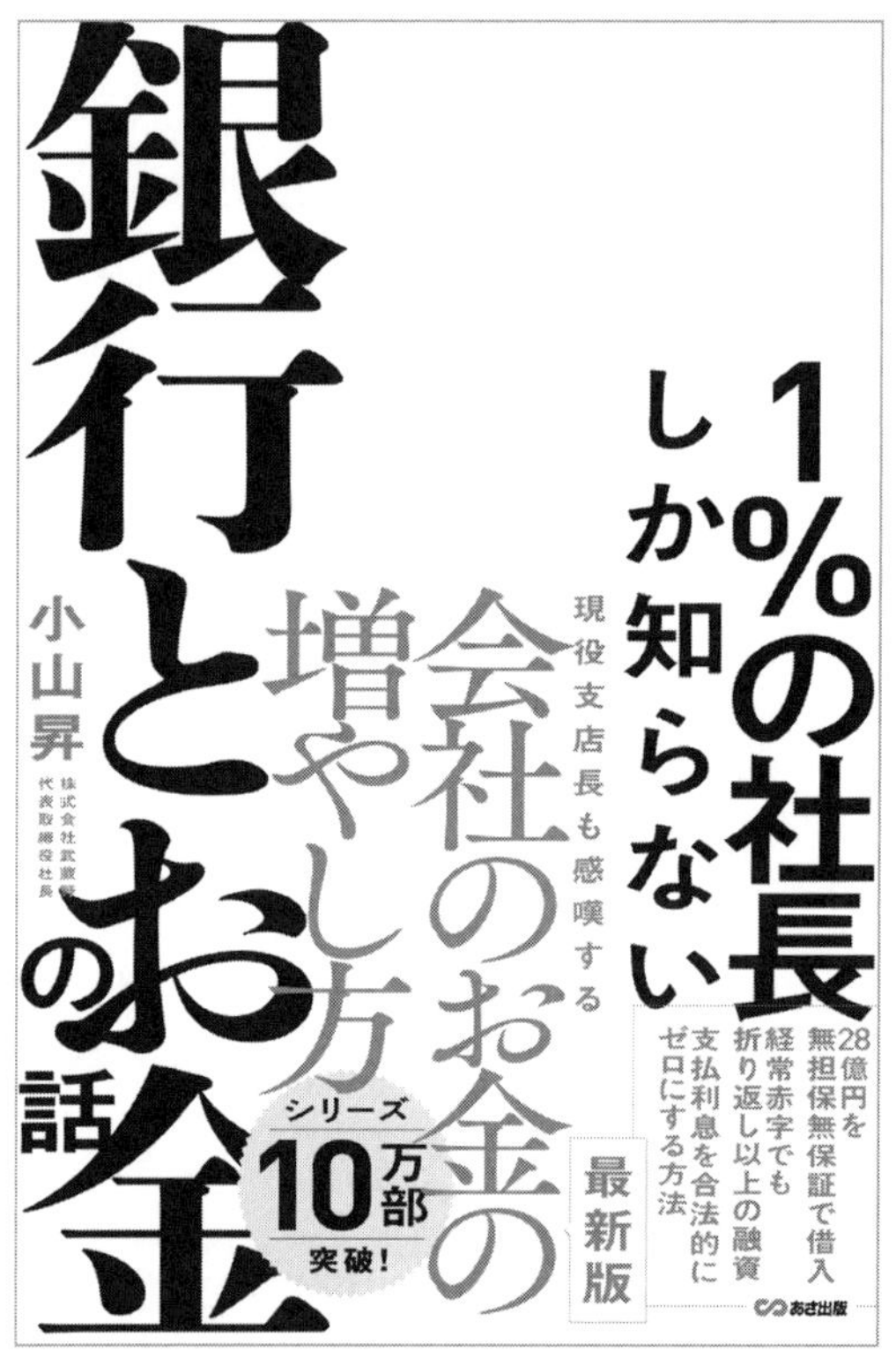